AF626020

## DANKSAGUNG:

An dieser Stelle möchte ich mich bedanken,

- bei all meinen Lehrern, die bei der Entwicklung meines Denkens ihre Fingerabdrücke hinterlassen haben.

- bei all meinen Patienten, mit ihren talentierten, helfenden Händen, Ohren und Augen.

- bei meiner Familie, mit ihrer nahezu unendlichen Geduld.

# Inhaltsverzeichnis

# Rezepte von A bis Z:

## Vorwort

Liebe Leser,
liebe Kochwillige

Nun halten Sie mein **„Kochbuch für Artgerechte Ernährung“** in Händen. Diese Büchlein ist eigentlich nur die Ergänzung zu meinem Lehrbuch **„Prophylaxe und Therapie durch Artgerechte Ernährung.“** Da aber viele meiner Patienten das Kochbuch separat kaufen wollten, habe ich beschlossen, eine Kurzinformation **„Zucker macht krank - Vollkorn macht kränker ... und keiner merkt´s“** zu schreiben und das Kochbuch für Artgerechte Ernährung als Einzelwerk herauszubringen.

Nachdem Sie sich dieses Büchlein besorgt haben, gehe ich davon aus, dass Sie schon wissen, warum alle Rezepte ohne Stärke aus Getreide, Reis oder Kartoffeln auskommen.
Die Information **Stärke ist auch nur Zucker** haben Sie wahrscheinlich:

- durch Besuch bei mir in der Praxis, bei dem ich Ihnen die Grundlagen der Artgerechten Ernährung erklärt habe.

- oder aus meinem Buch mit Kurzinformation zur Problematik Stärke ist Zucker:

**Zucker macht krank -**

**Vollkorn macht kränker**

**... und keiner merkt´s**

- oder aus meinem ausführlichen Lehrbuch der modernen Ernährungstherapie:

**Prophylaxe und Therapie durch Artgerechte Ernährung**

Falls Sie aber mit der Problematik nicht vertraut sind und eher zufällig zu meinem **Kochbuch für Artgerechte Ernährung** gekommen sind, möchte ich Ihnen im Folgenden eine kurze Einführung geben. Ich werde Ihnen erklären, was Stärke ist und weshalb Sie die Stärke-Nahrungsmittel Getreide, Reis, Kartoffeln meiden sollten.

# 1. Kurze Einführung

Die Faktenlage:

1. Getreide und Reis sind Süßgräser
2. Hauptbestandteil von Getreide und Reis ist Stärke (Kohlenhydratanteil 50 – 80%)
3. Stärke ist Traubenzucker (bis zu 4.000 Traubenzuckermoleküle)
4. Stärke aus Vollkorn erscheint genauso schnell im Blut wie Haushaltszucker (Glykämischer Index)
5. Stärkenahrungsmittel liefern so große Zuckermengen, die mit Süßigkeiten nur schwer zu schaffen sind (Glykämische Last)
6. Sogar Schokolade hat mehr Nährstoffe als Vollkornbrot (Bundeslebensmittelschlüssel)

Bei Betrachtung dieser Faktenkette lässt sich nur eine einzige logische Schlussfolgerung ziehen:

# Stärke = Zucker

Stärke-Nahrungsmittel - auch in Form von Vollkorn - liefern so große Zuckermengen, die mit Süßigkeiten kaum zu schaffen sind.

**Stärke ist kein Nahrungsmittel für den Menschen, sondern nur Zucker - in unnatürlich großen Mengen und mitverantwortlich für sehr viele Krankheiten.**

## Durch Stärke-Nahrungsmittel isst man so große Zuckermengen, die mit Süßigkeiten kaum zu schaffen sind.

Deshalb sparen Sie sich bitte Brot, Nudeln, Mehl, Reis und Kartoffeln. Kochen Sie lieber mit gesunden, schmackhaften, nährstoffreichen Jäger+Sammler-Nahrungsmitteln.

Die folgende Übersicht finden Sie auch als Cover des Kochbuches zur schnellen Orientierung. Die Einteilung ist allerdings so einfach und einprägsam, dass Sie sie schnell verinnerlicht haben und dann intuitiv umsetzen können.

## 2. Übersicht der Jäger+Sammler-Nahrungsmittel

Die folgende Übersicht finden Sie auch als Cover des Kochbuches zur schnellen Orientierung. Die Einteilung ist allerdings so einfach und einprägsam, dass Sie sie schnell verinnerlicht haben und dann intuitiv umsetzen können.

Jäger-Anteil:

Sammler-Anteil:

Jäger+Sammler-Zucker (max. GL 10 g):

**Jäger-Anteil:**
Fleisch und Wurstwaren
Fisch und Meeresfrüchte
Milch und Milchprodukte
Eier

+

**Sammler-Anteil:**
Gemüse und Salate
Kräuter und Gewürzpflanzen
Pilze
Nüsse und Kerne

**Jäger+Sammler-Zucker (max. GL 10 g):**
ca. 200 g Obst und Beeren
Kleine Portionen Süßigkeiten:
max. 3 TL Honig und Marmelade
max. 3 TL Haushaltszucker
max. 30 g, 2 Reihen Schokolade, max. 2 Kugeln Eis
max. 3 EL Ketchup, Senf und Grillsaucen

Nachdem wir alle Jäger+Sammler-Nahrungsmittel gesammelt und in Rubriken eingeteilt haben, können wir uns jetzt, wie in einem Baukastensystem, unsere Speisen und Mahlzeiten zusammenstellen. Aus didaktischen Gründen stelle ich die Mahlzeiten immer aus den Jäger+Sammler-Anteilen zusammen.
Meine Empfehlung lautet: Jäger+Sammler-Anteile je nach Geschmack, Vorliebe und Appetit auszusuchen. Sie haben dadurch märchenhafte 1.001 Möglichkeiten, Ihre Jäger+Sammler-Nahrungsmittel zu kombinieren und mit Jäger+Sammler-Zucker zu ergänzen.

**Na dann kann es ja losgehen.**

**Viel Spaß beim Kochen, gutes Gelingen und einen gesegneten Appetit !**

# 3. Kochschule und Rezepte

In den vorherigen Kapiteln habe ich größten Wert darauf gelegt, dass **Sie verstehen,** wie eine optimale, gesundheitsfördernde Artgerechte Ernährung aussieht, und weshalb Stärke-Nahrungsmittel Krankheiten verursachen und Gesundheit verhindern.
**Verständnis** und der berühmte „Aha-Effekt“ sind meines Erachtens enorm wichtig, denn was Sie einmal verstanden haben, werden Sie nicht wieder vergessen!

Aus diesem Grund war mir auch wichtig, das Kochen mit Jäger+Sammler-Nahrungsmitteln so logisch und nachvollziehbar zu erklären, dass es **verstanden** wird.

Ich will Ihnen im Folgenden auf unterschiedlichen Wegen aufzeigen, wie Sie das Ziel - eine Artgerechte Ernährung - umsetzen können.
Es gibt verschiedene Denk- und Arbeitsweisen, um dieses Ziel zu erreichen:
- Der Eine braucht nur einen Zündfunken und ist kreativ beim Kochen - ein Rezept stört sogar, da er das Ergebnis auf eigenem Weg erreichen will.
- Der Zweite braucht Rezepte, die er akribisch und detailliert nachkochen kann.
- Der Dritte braucht einen Wochenplan, um die Ernährungsempfehlung umsetzen zu können.

*„Der Bergführer kann den Weg weisen, aber zum Ziel gehen muss jeder selbst.“*

*Unbekannt*

Damit Sie das Ziel auf **Ihrem Weg** finden, folgt eine kurze Kochschule, um auch das Kochen zu verstehen. Dieses Buch habe ich in 3 Rubriken unterteilt, um alle in ihrer unterschiedlichen Denkweise abzuholen:

**3.1 Kochkurs:**
Der Kochkurs ist nötig, um Ihnen auch beim Kochen einen logischen, verständlichen und nachvollziehbaren Weg zu erläutern.

**3.2 Rezeptteil:**
Dieser Abschnitt soll Ihnen einige Ideen und detaillierte Anleitungen für verschiedene Jäger+Sammler-Mahlzeiten aufzeigen.

**3.3 Wochenplan:**
Der Wochenplan ist für diejenigen, die in den ersten Wochen eine genaue und präzise Führung und Hilfestellung benötigen.

Ich denke, dass durch dieses variantenreiche Vorgehen alle in der Lage sein werden, eine gesundheitsfördernde Artgerechte Ernährung sofort und langfristig umsetzen zu können.

## 3.1 Die Gustation des Kochens (Kochkurs)

Es gibt die weitverbreitete, aber falsche Meinung: „Gesundes Essen macht doch nicht satt und schmeckt auch nicht.“

Diese Vorurteile will ich mit folgendem Kochkurs aus der Welt schaffen.

### 3.1.1 Wie werde ich satt?

Das Sättigungsgefühl ist die Bestätigung des Gehirns, dass alle Nährstoffe in ausreichender Menge für den Organismus zu Verfügung stehen.
Kontrolliert wird Hunger und Sättigung durch den Hypothalamus, der das übergeordnete Regelsystem hierfür darstellt. Der Hypothalamus ist ein Teil des Zwischenhirns, welcher das innere Gleichgewicht (Homöostase) kontrolliert und die Anpassung an Belastungen des Körpers koordiniert.

Wir bestehen aus insgesamt 100 Billionen ($10^{14}$) Zellen, die ihren Nährstoffbedarf selbst regeln. **Die Zellen bedienen sich** aus dem umliegenden Gewebe, das durch das Blutgefäßsystem ständig mit Sauerstoff und Nährstoffen versorgt wird.
Durch den Nährstoffverbrauch der vielen Zellen, kommt es zum **Abfall verschiedener Nährstoffkonzentrationen** im Blut. Über Regelsysteme wird der Mangel durch Mobilisation der Speicher aus Leber und Gewebe wieder aufgefüllt.
Gleichzeitig werden die **Defizite der Nährstoffe** durch Chemorezeptoren erfasst und **Botenstoffe freigesetzt,** die über unterschiedliche Wege (Gefäß oder Nerv) ins Gehirn zum Hypothalamus gelangen. Hier werden diese Informationen verrechnet und anschließend **löst der Hypothalamus dann Hungergefühl und Appetit aus.**

Vereinfacht bedeutet dies:
Die Zellen holen sich die Nährstoffe, Rezeptoren melden den Bedarf und das Gehirn formuliert aus diesen Meldungen Hunger und Appetit.

Wenn wir nach dem Hungergefühl etwas essen, wird Zunge und Gaumen eine entscheidende Aufgabe zuteil, nämlich schmecken!
Wir schmecken nicht nur, damit es uns schmeckt. Die Hauptaufgabe des Geschmackssinns ist vielmehr uns zu melden, **was** und **wie viel** wir essen!
Aber was genau schmecken wir?

Unsere 5 Geschmacksqualitäten sind umami, bitter, süß, sauer und salzig. **Die Zunge ist sozusagen wie die Registrierkasse beim Supermarkt.** Wir schieben das Essen vorbei, dann piepst mal umami, mal bitter, mal süß, mal sauer, mal salzig. Wenn es dann oft genug gepiepst hat, dann sind wir satt. Über verschiedene Hirnnerven und Botenstoffe gelangen **diese Geschmacksmeldungen zum Hypothalamus.** Der signalisiert dann: „Ich bin satt!“
Kontrolliert werden die Nährstoffe noch einmal durch Chemorezeptoren von Leber und Darm, die dem Hypothalamus die Nahrungsbestandteile und deren Menge wiederholt bestätigen.

Nudeln, Reis, Kartoffeln und Brot schmecken nicht umami, nicht bitter, nicht süß, nicht sauer, nicht salzig - sie piepsen an der Zunge nicht! Stärke-Nahrungsmittel schmecken nach nichts und riechen auch nicht. Sie machen nur voll, aber nicht satt! Die Magenfüllung trägt nämlich nicht zu einem Sättigungsgefühl bei. **Voll ist nicht satt!**

Wenn Sie mir nicht glauben, machen Sie mir ruhig folgendes Experiment nach: Ich habe mich 2 Wochen lang ausschließlich von Brot, Nudeln, Reis und Wasser ernährt - also nur von Gras und Wasser. Damit ich ausreichend Kalorien zu mir nahm, musste ich zur Mittagsportion (100 g Nudeln bzw. Reis) tagsüber zusätzlich 1 kg Vollkornbrot essen. Ich war zwar ständig voll, aber zu keinem Zeitpunkt satt. Ich hatte ständig Hunger. Glauben Sie mir, die sogenannten „Sättigungsbeilagen" Nudeln, Reis, Kartoffeln und Brot haben mit Sattsein nicht das Geringste zu tun. Satt macht nur das, was schmeckt!

Nudeln, Reis, Kartoffeln und Brot schmecken nicht!

## 3.1.2 Wie schmeckt dann ein perfektes Essen?

Ein perfektes Essen berührt alle **Sinne:**

- Es sieht für das **Auge** bunt und verführerisch aus.
- Es riecht für die **Nase** nach märchenhaften 1.001 Aromen.
- Es schmeichelt der **Zunge** und schmeckt nach allen 5 Geschmacksqualitäten:

*Die 5 Geschmacksqualitäten*

- Und es liefert Fett als Geschmacksverstärker, mit Fett schmeckt alles intensiver!

So ganz nebenher enthält ein perfektes Essen auch noch alle notwendigen Nährstoffe in einer kompakten Form (hohe Nährstoffdichte), so dass Sie nach dem Essen auch nicht voll sind, sondern satt.

Die Artgerechte Ernährung mit Jäger+Sammler-Nahrungsmitteln erfüllt alle Kriterien für ein perfektes Essen, das gleichzeitig gesundheitsfördernd ist! Sie ist nährstoffreich, stärke- und zuckerarm und dadurch entzündungshemmend. Außerdem sieht sie gut aus und verzaubert nicht nur Auge, sondern auch Zunge, Gaumen und Nase.

## Also lassen Sie uns endlich kochen:

Damit das Essen schmeckt, benötigen wir als Zutaten nur ein Teil **umami,** ein Stück **bitter** und zum Abschmecken eine Prise **süß,** einen Schuss **sauer** und etwas **salzig.** Alles in eine Schüssel oder einen Topf - bei Bedarf warm machen - und fertig ist ein perfektes Mahl.
Fette fungieren übrigens als Verstärker für alle Geschmacksqualitäten, deshalb sparen Sie bitte nicht am Fett. Alles schmeckt besser und intensiver mit Butter und Sahne.

Sie merken schon, kochen ist ganz einfach.
Jetzt wollen wir uns aber die einzelnen Zutaten noch etwas genauer ansehen:

### 3.1.2.1 Umami - Jäger-Anteil

**„Umami** - was bitte schmeckt denn umami?“, werden Sie sich jetzt wohl fragen. Umami ist die Bezeichnung für einen Geschmack, der Ihnen sicher sehr bekannt ist. Allerdings ist das Wort umami für die meisten fremd. Die Geschmacksrezeptoren für den Geschmack umami reagieren auf Aminosäuren, d.h wir haben eine Geschmacksqualität, die lebenswichtige **Eiweiße anzeigt und dadurch auch misst.** Verstärkt wird dieser Eiweiß-Geschmack übrigens durch Purine, welche die Baustoffe für unsere Erbsubstanz (DNA) und unser ATP sind.

Fleisch, Fisch, Käse, Eier schmecken also umami (= fleischig) - d.h. der Jäger-Anteil unserer Artgerechten Ernährung schmeckt umami.

Umami: Jäger-Anteil:

Umami: Jäger-Anteil:
Fleisch und Wurstwaren
Fisch und Meeresfrüchte
Milch und Milchprodukte
Eier

### 3.1.2.2 Bitter - Sammler-Anteil

„Bitter ist doch unangenehm und abstoßend", werden vielleicht einige sagen. Das stimmt allerdings nur bei extremem Bittergeschmack, welcher uns signalisiert, etwas bitte nicht zu essen, denn es ist entweder unreif oder giftig, aber auf alle Fälle ungenießbar.

Der **feine bittere Geschmack,** den Gemüse, Salate und Kräuter mit sich bringen, fördert über die **Bitterstoffe** direkt und unmittelbar die Verdauungstätigkeit, erhöht die Magensaftproduktion und den Gallensäurefluss des Leber-Galle-Systems.

Gemüse, Salate, Kräuter, Pilze und Nüsse schmecken also bitter - d.h. der Sammler-Anteil unserer Artgerechten Ernährung schmeckt bitter.

Bitter: Sammler-Anteil:

**Bitter: Sammler-Anteil:**
Gemüse und Salate
Kräuter und Gewürzpflanzen
Pilze
Nüsse und Kerne

## 3.1.2.3 Süß - Jäger+Sammler-Zucker

**Süß** ist wohl der verführerischste Geschmack, den wir kennen. Angefangen beim reifen, wohlschmeckenden Obst - der berühmte biblische Apfel - bis hin zu Schokolade und Co.
Süßes Obst hat uns in unserer Evolutionsgeschichte immer begleitet und geschmeckt.
Süß signalisiert dem Organismus: Es kommen wichtige **Zucker als Baustoffe und für die Energiegewinnung.** Allerdings meldet die Zunge auch irgendwann: „Jetzt ist es genug mit süß!"

Diese Meldung entfällt übrigens bei Stärke-Nahrungsmitteln. Wir haben nämlich keinen Geschmackssinn für Stärke - d.h. wir können nicht messen, wie viel an Zucker durch die Stärke in den Organismus gelangt. Dann überfällt uns der Zucker-Tsunami, und wir müssen sehen, wie wir diese riesige Zuckerbelastung wieder ausgleichen können.

Die Zuckerzusammensetzung von Obst (Traubenzucker und Fruchtzucker) ist die gleiche wie bei Haushaltszucker (Rübenzucker = TZ und FZ) und deshalb erstreckt sich der Jäger+Sammler-Zucker auf viele süße Nahrungsmittel - allein die Menge macht ein Problem. Bei allen Rezepten habe ich darauf geachtet, dass die Zuckerlast im Rahmen des Jäger+Sammler-Zuckers (max GL 10 g = 15 g Zucker) liegt.

Süß: Jäger+Sammler-Zucker (max. GL 10 g):

**Jäger+Sammler-Zucker (max. GL 10 g):**

**ca. 200 g Obst und Beeren**

Kleine Portionen Süßigkeiten:
max. 3 TL Honig und Marmelade
max. 3 TL Haushaltszucker
max. 30 g, 2 Reihen Schokolade, max. 2 Kugeln Eis
max. 3 EL Ketchup, Senf und Grillsaucen

### 3.1.2.4 Sauer - Saurer Jäger+Sammler-Kasten

**Sauer** macht nicht nur lustig, sondern ist der Geschmack der organischen Säuren. Diese haben einen zentralen Stellenwert in unserem Energiestoffwechsel. Sie werden energieaufwendig vom Organismus selbst produziert, aber auch zum Teil durch das Essen aufgenommen. Die Citronensäure der Zitrusfrüchte kann als Citrat dem Citratzyklus zugeführt werden. Die Essigsäure von Essig und Wein kann zu Acetyl-CoA (= aktivierte Essigsäure) aufgebaut werden und ebenfalls im **Citratzyklus zur Energiegewinnung und Biosynthese** genutzt werden. Die im Essen enthaltenen organischen Säuren gibt es umsonst, sie müssen nicht erst energieaufwendig hergestellt werden.

<u>Saurer Jäger+Sammler-Kasten:</u>
Zitrone, Orange, Limette,
Essig, Aceto Balsamico
Wein, Sherry

### 3.1.2.5 Salzig - Salziger Jäger+Sammler-Kasten

**Salzig** schmeckt Salz. So einfach wie sich diese Feststellung auch anhört, genauso wichtig ist dieser Geschmack auch für den Organismus. Er muss nämlich auch ständig den **Mineralstoffgehalt und Salzhaushalt** (NaCl) gegen die Verluste von Niere und Schweiß ausgleichen. Deshalb schmeckt Ihnen an einem Tag das gleiche Essen zu salzig und am nächsten Tag - nach Salzverlusten durch starkes Schwitzen - nicht salzig genug und Sie müssen nachsalzen, damit es schmeckt.

<u>Salziger Jäger+Sammler-Kasten:</u>
Salz
Salzige Nahrungsmittel (z.B. Feta, Parmesan)

**Es gibt natürlich geschmackliche Überschneidungen bei einigen Nahrungsmitteln. Der Einfachheit halber habe ich sie der passendsten Geschmacksgruppe zugeordnet, damit das modellhafte Baukastensystem als logischer Rahmen auch anzuwenden ist.**

### 3.1.3 Zusammenfassung des Kochkurses

Kochen ist also ganz einfach: Sie nehmen aus jedem Baukasten eine Zutat, die Sie natürlich beliebig variieren können.
Als Hauptzutaten und Grundlage für jedes Jäger+Sammler-Essen benötigen Sie einfach ein Teil **umami (Jäger-Anteil)** und ein Stück **bitter (Sammler-Anteil):**

Umami: Jäger-Anteil:
Fleisch und Wurstwaren
Fisch und Meeresfrüchte
Milch und Milchprodukte
Eier

+

Bitter: Sammler-Anteil:
Gemüse und Salate
Kräuter und Gewürzpflanzen
Pilze
Nüsse und Kerne

... und zum Abschmecken eine Prise **süß,** einen Schuss **sauer** und etwas **salzig.**

Jäger+Sammler-Zucker (max. GL 10 g):
ca. 200 g Obst und Beeren
Kleine Portionen Süßigkeiten:
max. 3 TL Honig und Marmelade
max. 3 TL Haushaltszucker
max. 30 g, 2 Reihen Schokolade, max. 2 Kugeln Eis
max. 3 EL Ketchup, Senf und Grillsaucen

Saurer Jäger+Sammler-Kasten:
Zitrone, Orange, Limette,
Essig, Aceto Balsamico
Wein, Sherry

Salziger Jäger+Sammler-Kasten:
Salz
Salzige Nahrungsmittel (z.B. Feta, Parmesan)

Alles in eine Schüssel oder einen Topf - bei Bedarf warm machen - und fertig ist ein perfektes Mahl.

Essen macht satt
und schmeckt,
wenn es alle Sinne anspricht -
Auge, Geruch und
alle 5 Geschmacksqualitäten!

**Wichtige gustatorische Anmerkung:**

Nudeln, Reis, Kartoffeln und Brot schmecken nicht umami, nicht bitter, nicht süß, nicht sauer und auch nicht salzig - **Stärke-Nahrungsmittel schmecken nach nichts!** Stärke piepst deshalb auch nicht auf der Zunge. Somit fehlt auch kein Geschmack. Stärke ist nur Pappe, um das Essen zu strecken.
**Stärke macht Sie auch nicht satt, sondern nur voll** - so voll, dass Sie sich nach dem Essen nicht mehr richtig bewegen können.
Stärke-Nahrungsmittel bringen nur riesige Zuckermengen mit sich, haben aber keinen Geschmack und keinen Geruch und haben nichts mit optimaler, gesunder, nährstoffreicher Ernährung zu tun!
Zusätzlich **nimmt Stärke dem Essen auch noch viel an Geschmack!**
Zusammenfassend kann gesagt werden, dass Stärke-Nahrungsmittel selbst nicht schmecken und nicht riechen, riesige Zuckermengen mitbringen, nicht satt, sondern nur voll machen und dem guten Essen sogar auch noch den Geschmack stehlen.
Wenn Sie die Problematik der Stärke-Nahrungsmittel richtig verstanden haben, dann ist es nicht so, dass Sie Stärke nicht mehr essen dürfen, sondern dann **brauchen Sie Stärke nicht mehr essen!**

Durch das Weglassen von Stärke nutzen Sie nur noch Nahrungsmittel, die selbst schmecken und riechen. Dadurch ist das Essen viel geschmacksintensiver. Gleichzeitig verbessert sich in kurzer Zeit auch Ihr Geschmacksempfinden und Sie lernen wieder „satt“ von „voll“ zu unterscheiden.

## 3.1.4 Wie kann ich meine eigenen gewohnten Gerichte kochen?

Nachdem wir vorher geklärt haben, was benötigt wird, damit Essen satt macht und schmeckt, wollen wir nun zum praktischen Teil des Kochens kommen.

**Sie können alle Ihre altbekannten, gewohnten Gerichte natürlich weiter kochen.** Dadurch können Sie die Artgerechte Ernährung einfach in Ihre Familie integrieren. Sie müssen die Gerichte **nur etwas umgestalten:** Nudeln, Reis, Kartoffeln und Brot einfach weglassen oder durch Alternativen ersetzen. Wie das geht, werde ich Ihnen auf den folgenden Seiten erklären und mit Beispielen darstellen.

### 3.1.4.1 Lassen Sie Stärke-Nahrungsmittel einfach weg:

| Stärke-Nahrungsmittel | Beispiele aus Teil 5.2 Rezepte |
|---|---|
| ohne Nudeln | Hühnchen Carbonara mit Schmortomaten |
| | Schuta (= Pasta Schuta ohne Pasta) |
| ohne Reis | Gefüllte Paprika |
| | Gefüllte Zucchini |
| | Fisch-Paella |
| | Fisch mit Sherry-Sahne-Soße und Tomaten |
| | Hühnchenbrust in Salbeibutter mit Paprika |
| | Hackfleischrolle mit Feta im Schinkenmantel |
| | Kurzgebratener Rehrücken mit Bohnen im Schinkenmantel |
| ohne Kartoffeln | Fisch-Gratin |
| | Garnelen und grüner Spargel vom Grill |
| | Schweinefilet bei Niedrigtemperatur gegart |
| ohne Knödel | Rehbraten mit Pfifferlingen und Brokkoli |
| ohne Brot | Ideen für die Pausenbox |
| | Rührei to go |
| | Jäger+Sammler-Platte („Brotlose Kunst“) |

*Beispiele für Gerichte ohne Stärke-Nahrungsmittel*

Die Beilagen für den Jäger-Anteil sind die vielen schmackhaften, bunten Gemüsesorten aus dem Sammler-Anteil. Diese können Sie vielfältig kombinieren und variantenreich zubereiten.
Hierfür noch ein Tipp von mir: Trauen Sie sich ruhig und bereiten Sie **nur eine Gemüsebeilage** zu.
Wenn beim Füttern meiner kleinen Jungs auf einer Zucchinigabel ein Stück Paprika war, haben diese sich lauthals beschwert. Sie mögen aber alle Gemüsearten, allerdings immer **nur eine!** Die Kinder haben Recht, wenn sie das Gemüse einzeln essen, schmeckt es **viel intensiver** - dann schmeckt´s nach Tomate, dann schmeckt´s nach Paprika, dann schmeckt´s nach Zucchini. Also lassen Sie sich die Hühnerbrust in Salbeibutter „nur“ mit Paprika ruhig schmecken.

## 3.1.4.2 Ersetzen Sie Stärke-Nahrungsmittel:

In der folgenden Tabelle sind Empfehlungen und Möglichkeiten aufgelistet, wie Sie Stärke-Nahrungsmittel ersetzen können. Betrachten Sie dies und die Rezepte dazu als Einstieg in die Artgerechte Ernährung. Diese Beispiele sollen Ihnen Basisrezepte liefern, die Sie im Laufe der Zeit Ihrem eigenen Geschmack anpassen werden. Ihrer eigenen Kreativität sind somit keine Grenzen mehr gesetzt.

| Stärke-Nahrungsmittel | Gericht | Alternativen | Beispiele aus Teil 5.2 Rezepte |
|---|---|---|---|
| statt Getreide | Brei | Mandeln, Nüsse | Mandel-Nuss-Brei |
| | Müsli | Nüsse, Kerne | Jäger+Sammler-Müsli |
| | Cornflakes | Mandelblättchen | Mandelflakes |
| | Pfannkuchen | Eiweißpulver<br>Mandeln | Jäger+Sammler-Pfannkuchen |
| | | | gefüllte Pfannkuchen |
| | Kaiserschmarrn | Eiweißpulver<br>Mandeln | Jäger+Sammler-Kaiserschmarrn |
| | Waffeln | Eiweißpulver | Jäger+Sammler-Waffeln |
| | Brot | Mandeln, Leinsamen | Jäger+Sammler-Brot |
| | | Leinsamen | Jäger+Sammler-Knäckebrot |
| | Suppenbindung | Legierung mit Eigelb und Sahne | Blumenkohlsuppe mit gebratenem Schinken |
| | | Gemüse kochen und pürieren | |
| | Suppeneinlage | Ei | Ei verquirlen |
| | | Käse | zerbrochene Parmesanchips |
| | | Croûtons | Jäger+Sammler-Brot anrösten |
| | | Pfannkuchen | Jäger+Sammler-Pfannkuchen |
| | Nudeln | Gemüse | Zucchini-Spaghetti |
| | | | Spinat-Gemüse-Lasagne |
| | | Käse | Käserolle mit Schinken |
| | | | Käserolle mit Feta und Oliven |
| | Knödelersatz | Ei und Parmesan | Rahmschwammerl mit Jäger+Sammler-Polenta |
| | Spätzle | Parmesan | Jäger+Sammler-Käsespätzle |

| Stärke-Nahrungsmittel | Gericht | Alternativen | Beispiele aus Teil 5.2 Rezepte |
|---|---|---|---|
| statt Getreide | Panade | Sesam | Sesampanierte Hühnerbrust |
| | | Leinsamen, geschrotet | |
| | | Mandeln, gemahlen | |
| | Saftbindung im Hackfleisch | Gemüse | Hackfleischrolle |
| | | | Fleischpflanzerl mit Selleriepüree |
| | Soßenbindung | Wurzelgemüse passieren | Schweinefilet bei Niedrigtemperatur |
| | | Legierung mit Eigelb und Sahne | Rahmschwammerl mit Jäger+Sammler-Polenta |
| | | | Fisch mit Sherry-Sahne- Soße |
| | | Ei einrühren | Hühnchen Carbonara |
| | | Einkochen, bis die Konsistenz stimmt | Hackfleischsoße für Lasagne |
| | | Käse schmelzen | |
| | Pizza | Käse | Pizza Inversa |
| | | Eiweißpulver | Jäger+Sammler-Fladenbrot |
| | Kuchen | Mandeln<br>Nüsse | Nuss-Teig |
| | | | Mohn-Teig |
| | | | Schoko-Teig |
| | | | Biskuit-Teig |
| | | | Mürb-Teig |
| | | | Zebra-Mandel-Teig |
| | | | Mandelhörnchen |
| | Plätzchen | Mandeln<br>Nüsse | Lebkuchen |
| | | | Zimtsterne |
| | | | Bärentatzen |
| | | | Cappuccino-Plätzchen |
| | | | Pfauenauge |
| statt Kartoffeln | Chips | Käse | Parmesanchips |
| | Gebratenes | Kohlrabi, Karotten | Kohlrabi-Karotten-Gemüse |
| | | Sellerie | Lachs vom Grill mit Sellerierösti |
| | | Pastinaken | |
| | Püree | Sellerie | Fleischpflanzerl mit Selleriepüree |
| statt Mais | Taco | Parmesan | Parmesantacos |
| | Polenta | Ei und Parmesan | Jäger+Sammler-Polenta |

*Alternativen zu Stärke-Nahrungsmitteln*

## 3.2 Rezepte

In diesem Teil habe ich Ihnen eine Vielzahl von verschiedenen Rezepten zusammengetragen, damit Sie für unterschiedliche Mahlzeiten viele Ideen und Anregungen erhalten.
Bei den Hauptgerichten habe ich die Zutaten den einzelnen Geschmacksrichtungen - wie im Kochkurs - zugeteilt, um dieses schematische Baukastendenken zu verinnerlichen.

Vorab noch ein paar allgemeine Bemerkungen zu den Rezepten:

- Alle Rezepte sind ganz einfach in der Zubereitung.
- Die Arbeitszeit liegt im Rahmen von 15 - 30 min.
- Die Zutaten erhalten Sie in jedem Supermarkt oder Bioladen. Einzige Ausnahme ist das „geschmacksneutrale Eiweißpulver", welches Sie aber im Drogeriemarkt oder im Internet kaufen können.
- Die Zutatenmenge ist so gewählt, dass die Packung in der Regel aufgebraucht wird.
- Achten Sie bitte darauf, dass Sie beim Kochen und Braten immer niedrige Temperaturen verwenden.
- Das Jäger+Sammler-Essen kommt vollständig ohne Lebensmittelzusätze und künstliche Geschmacksverstärker aus.
- Die Zuckerlast der Rezepte liegt immer unter einer Glykämischen Last von 10 g (= 15 g Zucker), d.h. im Rahmen des Jäger+Sammler-Zuckers - auch bei allen Süßspeisen!

**Na dann kann es ja losgehen.**

**Viel Spaß beim Kochen, gutes Gelingen und einen gesegneten Appetit!**

## 3.2.1 Jäger+Sammler-Frühstück

# Jäger+Sammler-Müsli

Zutaten pro Portion: 150 g Milch oder Joghurt
verschiedene Nüsse,
Kerne, Obst, Beeren
(1 TL Honig)

- Milch oder Joghurt in ein Schüsselchen füllen.
- Nüsse, Kerne, Obst, Beeren nach Wahl dazugeben.
- Evtl. 1 TL Honig darüber träufeln.

# Mandelflakes

Zutaten pro Portion: 150 g Milch oder Joghurt
30 g Mandelblättchen
(1 TL Honig)

- Milch oder Joghurt in ein Schüsselchen füllen.
- Mandelblättchen dazugeben.
- Evtl. 1 TL Honig darüber träufeln.

# Mandel-Nuss-Brei mit Früchten

Zutaten (2 Portionen): 200 g gemahlene Haselnüsse oder Mandeln
300 ml Sahne oder Milch
Obst, Beeren

- Haselnüsse (bzw. Mandeln) mit Sahne (bzw. Milch) kurz in einem Topf bei niedriger Hitze (Stufe 5/10) unter ständigem Rühren erwärmen.
- In Schüsselchen füllen und mit Früchten garnieren.

# Jäger+Sammler-Pfannkuchen

Zutaten (2 Portionen): 4 Eier
1/2 TL Zucker
1/8 l Sahne oder Milch
2 EL (20 g) Eiweißpulver (oder gemahlene blanchierte Mandeln)
Butter

- Eier mit Zucker ca. 2 min aufschlagen.
- Sahne oder Milch dazugeben und Eiweißpulver (oder Mandeln) einrühren.
- Pfannkuchen mit Butter in der Pfanne bei mittlerer Stufe (5/10) ausbacken.
- Ergibt 4 große oder 8 kleine Pfannkuchen.
- Die Pfannkuchen können dann nach Belieben gefüllt werden.

# Jäger+Sammler-Kaiserschmarrn mit Äpfeln

Zutaten (2 Portionen): 1 Apfel
Butter
1/2 TL + 1/2 TL Zucker
4 Eier
1/8 l Sahne oder Milch
3 EL (30 g) Eiweißpulver (oder gemahlene blanchierte Mandeln)
(Zimt und Zucker)

- Apfel in feine Scheibchen schneiden, mit Butter und 1/2 TL Zucker in der Pfanne karamellisieren.
- Eier mit 1/2 TL Zucker ca. 2 min aufschlagen.
- Sahne oder Milch dazugeben und Eiweißpulver (oder Mandeln) einrühren, bis eine cremige Masse entsteht - evtl. noch etwas Eiweißpulver (oder Mandeln) dazugeben.
- Teig zu den Äpfeln in die Pfanne geben und bei mittlerer Stufe (5/10) stocken lassen.
- Teigplatte wenden und mit dem Pfannenwender zerstechen.
- Bei Bedarf nochmals Butter zugeben.
- Der fertige Kaiserschmarrn kann auch mit Zimt und Zucker bestreut werden.

## Jäger+Sammler-Waffeln

Zutaten: 60 g Butter
4 Eier
100 g Quark (40 % Fett i. Tr.)
4 EL (40 g) Eiweißpulver

- Butter in einem Topf schmelzen, etwas abkühlen lassen.
- Eier und Quark verquirlen.
- Butter und Eiweißpulver dazugeben und nochmals verrühren, bis eine teigige Masse entsteht - evtl. noch etwas Eiweißpulver dazugeben.
- Das Waffeleisen aufheizen und portionsweise etwa 6 Waffeln aus dem Teig backen.
- Die Waffeln können dann nach Belieben verfeinert werden.

Variante: Sie können die Waffeln auch deftig mit Schinken und Käse füllen.

# Jäger+Sammler-Brot

Zutaten: 250 g Magerquark
5 Eier
200 g gemahlene Mandeln
200 g geschroteter (oder fein gemahlener) Leinsamen
1 Päckchen Backpulver
1 1/2 TL Salz

- Alle Zutaten in einer Schüssel gut verquirlen.
- Backpapier durchnässen und anschließend auswringen.
  Eine Kastenform (20 - 25 cm) lässt sich dann mit dem geschmeidigen Backpapier einfach auslegen.
- Im vorgeheizten Backofen 60 min bei 160 °C backen.
- Brot abkühlen lassen, evtl. in Scheiben schneiden und einfrieren.
- Bei Bedarf scheibenweise auftauen oder toasten.

Variante: Sie können auch goldenen Leinsamen verwenden, dann erhalten Sie ein helles Brot. Ebenso können Sie zusätzlich Kürbiskerne, Sonnenblumenkerne, Walnüsse oder auch Brotgewürz in den Teig rühren.

# Jäger+Sammler-Knäckebrot

Zutaten: 10 EL Sesam
5 EL Sonnenblumenkerne
5 EL Kürbiskerne
5 EL Leinsamen geschrotet
2 Eiweiß
2 ½ EL Olivenöl
1 TL Salz

- Alle Zutaten mit einem Löffel verrühren.
- Auf ein mit Backpapier ausgelegtes Blech geben und verteilen.
- Zweites Backpapier durchnässen, anschließend auswringen, über den Teig legen und mit dem Nudelholz gleichmäßig ausrollen.
- Anschließend das obere Backpapier wieder abnehmen.
- Im vorgeheizten Backofen 45 min bei 150 °C backen.

## Ideen für die Pausenbox

Als Jäger+Sammler-Pause können Sie variantenreich alle erdenklichen Jäger+Sammler-Nahrungsmittel kombinieren und in Ihre Pausenbox legen:

- **Gurkenbaguette:** Minigurke der Länge nach aufschneiden, mit Käse und Salami belegen.
- **Mozzarella-Tomaten-Spießchen:** Minimozzarella und Cocktailtomaten abwechselnd auf einen Zahnstocher aufspießen.
- **Karotten,** Paprika, Gurken, ...
- **Salami-Käse-Röllchen:** Salami in Scheibenkäse einrollen.
- **Apfel,** Birne, Pfirsich, Pflaume, Wassermelone, Ananas, ...
- **gesalzene Macadamien** oder Mandeln, aber auch alle anderen Nüsse

## Rührei to go

Zutaten: 5 Eier
1/2 TL Salz
150 g + 50 g geriebener Käse
nach Belieben: Schinken, Lauchzwiebeln, Paprika

- Eier, Salz und 150 g Käse in einer Schüssel mit Gabel oder Schneebesen verrühren.
- Das Ganze in 6 ausgefettete Muffin-Papierbackförmchen oder antihaftbeschichtete Muffinformen füllen.
- Nach Belieben kleingeschnittenen Schinken, Lauchzwiebeln, Paprika zugeben.
- Den restlichen Käse auf den Eier-Muffins verteilen.
- Im vorgeheizten Backofen 20 min bei 180 °C backen.

## Käserolle mit Schinken

Zutaten: 2 Packungen lochfreier Scheibenkäse
(Gouda, Bergkäse, Edamer,...)
3 gekochte Eier
Schnittlauch, kleingeschnitten
200 g Schmelzkäse
125 g weiche Butter
1 TL Salz
8 Scheiben Schinken

- Käsescheiben leicht überlappend auf einem mit Backpapier belegten Backblech auslegen.
- Im vorgeheizten Backofen etwa 2 min bei 200 °C zusammenschmelzen lassen.
  Die Käseplatte anschließend abkühlen lassen.

- Eier, Schnittlauch, Schmelzkäse, weiche Butter, Salz miteinander verquirlen.

- Den Schinken auf der Käseplatte auslegen und darauf die Eiermasse verteilen.
- Das Ganze wie eine Biskuitrolle eng einrollen und in Alufolie einige Stunden ziehen lassen.
- Die Käserolle in Scheiben schneiden und zur Pause mitgeben.

## Käserolle mit Feta und Oliven

Zutaten: 2 Packungen lochfreier Scheibenkäse
(Gouda, Bergkäse, Edamer,...)
10 schwarze kernlose Oliven
4 getrocknete Tomaten
Knoblauch
200 g Frischkäse
200 g Feta

- Käsescheiben leicht überlappend auf einem mit Backpapier belegten Backblech auslegen.
- Im vorgeheizten Backofen 2 min bei 200 °C zusammenschmelzen lassen.
  Die Käseplatte anschließend abkühlen lassen.

- Oliven, Tomaten und Knoblauch zerkleinern.
- Frischkäse und Feta dazugeben und verrühren.

- Die Käsemasse auf der Käseplatte gleichmäßig verstreichen.
- Das Ganze wie eine Biskuitrolle eng einrollen und in Alufolie einige Stunden ziehen lassen.
- Die Käserolle in Scheiben schneiden und zur Pause mitgeben.

<u>Variante:</u> Sie können die Käseplatte natürlich mit allem Erdenklichen füllen.

### 3.2.3 Jäger+Sammler-Mittagessen

#### 3.2.3.1 Vegetarisch

## Omelett mit Tomaten und Parmesan

| Zutaten (2 Portionen): | umami: | 4 Eier, etwas Sahne, Butter, frisch geriebener Parmesan |
|---|---|---|
| | bitter: | Tomaten, Kräuter |
| | süß: | etwas Zucker |
| | sauer: | etwas Zitronensaft |
| | salzig: | Salz |

- Eier mit Salz und Sahne verrühren.
- Tomaten mit Zucker und Zitronensaft marinieren.
- Butter in einer Pfanne schmelzen und die Hälfte der Eiermasse einfüllen.
- Parmesan, Tomaten und Kräuter dazugeben.
- Omelett aus der Pfanne nehmen, wenn es zu stocken beginnt.
- Fertiges Omelett auf dem Teller mit Kräutern und Parmesan garnieren.

Variante: Als Omelett-Füllung können Sie auch Pilze und anderes Gemüse sowie Schinken und verschiedene Käsesorten verwenden.

## Gefüllte Paprika

| Zutaten (2 Portionen): | umami: | 500 g Ricotta (Frischkäse), 1 Ei, 30 g + 20 g frisch geriebener Parmesan, Butter, etwas Sahne |
|---|---|---|
| | bitter: | Zwiebel, Knoblauch, 200 g Champignons, 4 Paprika, Rucola |
| | süß: | Prise Zucker |
| | sauer: | etwas Zitronensaft |
| | salzig: | Salz |

- Ricotta glattrühren, mit Zucker und Salz abschmecken.
- Ei und 30 g Parmesan unterrühren.
- Zwiebel, Knoblauch kleinschneiden und in einer Pfanne mit Butter andünsten.
- Die kleingeschnittenen Champignons in die Pfanne geben, kurz mitbraten und mit Zitronensaft abschmecken.
- Paprika aushöhlen, mit Ricotta und Champignons schichtweise füllen.
- Etwas Parmesan als letzte Schicht aufstreuen.
- Sahne in eine Auflaufform geben und Paprika einsetzen.
- Im vorgeheizten Backofen etwa 30 min bei 180 °C backen.
- Mit Champignons, Rucola und Parmesan garnieren.

## Gefüllte Zucchini

| Zutaten (2 Portionen): | umami: | 1 Ei, 20 g + 30 g frisch geriebener Parmesan |
|---|---|---|
| | bitter: | 2 Zucchini, Kräuter, 3 Tomaten (gewürfelt), Knoblauch, 3 EL Olivenöl |
| | süß: | Prise Zucker |
| | sauer: | etwas Zitronensaft |
| | salzig: | Salz |

- Zucchini längs halbieren, mit einem Teelöffel aushöhlen, so dass Schiffchen entstehen.
- Zucchini mit kochendem Wasser blanchieren und im kalten Wasser abschrecken.
- Fruchtfleisch der Zucchini fein hacken, mit Ei, Kräutern und 20 g Parmesan vermischen.
- Fruchtfleisch mit Zucker, Zitronensaft und Salz abschmecken.
- Diese Masse in die Zucchinischiffchen füllen und restlichen Parmesan darüber streuen.
- Tomaten würfeln, in eine Auflaufform geben und etwas Salz, Zucker, Zitronensaft, Knoblauch und Olivenöl darauf verteilen.
- Die gefüllten Zucchinihälften in die Auflaufform legen.
- Im vorgeheizten Backofen etwa 20 min bei 180 °C backen.
- Zucchini auf Tomatenbett servieren.

# Pizza Inversa

Diese Pizza hat von mir den Namen Pizza Inversa (= umgedrehte Pizza) bekommen, da ich sie einfach umgedreht habe - der Käse bildet den schmackhaften Pizzaboden.

| Zutaten (4 Portionen): | umami: | 300 g frisch geriebener Parmesan |
|---|---|---|
| | | 100 g geriebener Käse (zum Überbacken) |
| | bitter: | 4 EL Tomatenmark, Oregano, Knoblauch, Olivenöl |
| | | Champignons, Paprika, Peperoni |
| | süß: | Prise Zucker |
| | sauer: | etwas Zitronensaft |
| | salzig: | Salz |

- Parmesan auf einem mit Backpapier belegten Backblech verteilen.
- Im vorgeheizten Backofen etwa 5 min bei 200 °C schmelzen.
- Käseplatte etwas abkühlen lassen. Fertig ist der Pizzaboden.

- Tomatenmark mit etwas Wasser verdünnen und Oregano, Knoblauch, Olivenöl unterrühren, mit Zucker, Zitronensaft und Salz abschmecken.
- Den Pizzaboden damit bestreichen und mit Champignons, Paprika und Peperoni belegen.
- 100 g Käse auf der Pizza verteilen.
- Im vorgeheizten Backofen etwa 10 min bei 200 °C überbacken.

Variante: Sie können diesen Pizzaboden natürlich mit allen möglichen Zutaten belegen.

# Rahmschwammerl mit Jäger+Sammler-Polenta

| Zutaten (2 Portionen): | umami: | 250 g Ricotta, 3 Eier, 100 g frisch geriebener Parmesan<br>350 ml Sahne<br>1 Eigelb und 50 ml Sahne (für Legierung zum Binden) |
|---|---|---|
| | bitter: | 500 g Schwammerl (Steinpilze, Pfifferlinge), Petersilie |
| | süß: | Prise Zucker |
| | sauer: | Zitronensaft |
| | salzig: | Prise Salz |

**Jäger+Sammler-Polenta:**
- Ricotta, Eier, Parmesan und etwas Salz zu einer glatten Creme verrühren. Falls die Masse zu dünn ist, noch etwas Parmesan unterrühren.
- Die Creme ca. 1 cm hoch in eine Auflaufform streichen.
- Im Backofen ca. 40 min bei 140 °C stocken lassen.
- Aus dem Ofen nehmen und in kleine „Polenta"-Stückchen schneiden.

**Rahmschwammerl:**
- Schwammerl kleinschneiden und in einem Topf mit 350 ml Sahne 10 min köcheln lassen.
- Eigelb und 50 ml Sahne mit Schneebesen verrühren (Legierung zum Soßenbinden).
- Die Soße kurz aufkochen lassen und dann vom Herd nehmen.
- Legierung in die Soße einrühren bis diese cremig wird, dabei mit Zucker, Zitronensaft und Salz abschmecken.

- Jäger+Sammler-Polenta mit Rahmschwammerln anrichten und mit Petersilie bestreuen.

## Hüttenkäse-Auflauf

| Zutaten (4 Portionen): | umami: | 400 g Hüttenkäse, 4 Eier,<br>100 g frisch geriebener Parmesan |
|---|---|---|
| | bitter: | Kräuter, 1 Karotte, 1 kleine Zucchini, ½ Paprika |
| | süß: | Prise Zucker |
| | sauer: | etwas Zitronensaft |
| | salzig: | Salz |

- Hüttenkäse mit Eiern, Parmesan und Kräutern mit einem Schneebesen verrühren.
- Mit Zucker, Zitronensaft und Salz abschmecken.
- Die Käsemasse in eine Auflaufform füllen.
- Gemüse kleinschneiden, auf der Käsemasse verteilen.
- Im vorgeheizten Backofen etwa 45 min bei 160 °C backen.

# Quarkauflauf

| Zutaten (6 Portionen): | umami: | 100 g Butter, 1000 g Quark (40% Fett),<br>2 Eier + 4 Eier getrennt |
|---|---|---|
| | bitter: | geriebene Schale von 1 Zitrone |
| | süß: | 30 g + 20 g Zucker, Früchte nach Wahl |
| | sauer: | etwas Zitronensaft |
| | salzig: | Prise Salz |

- Butter in einem Topf schmelzen, etwas abkühlen lassen.
- 1000 g Quark mit 30 g Zucker, geriebener Zitronenschale, Zitronensaft, Salz, 2 Eiern, 4 Eigelb und der geschmolzenen Butter verrühren.
- Quarkmasse in eine Auflaufform füllen.
- Im vorgeheizten Backofen etwa 45 min bei 160 °C backen.
- Eiweiß mit 20 g Zucker steif schlagen.
- Eiweißmasse auf den gebackenen Quarkauflauf geben und bei gleicher Temperatur etwa 15 min fertig backen.
- Quarkauflauf etwas abkühlen lassen, in Stücke schneiden und mit Früchten servieren.

# Kohlrabi-Karotten-Gemüse mit Parmesanchips

| Zutaten (2 Portionen): | umami: | Butter, 150 g frisch geriebener Parmesan 200 g Sauerrahm |
| --- | --- | --- |
| | bitter: | 1 Kohlrabi, 2 Karotten, Knoblauch, Kräuter |
| | süß: | Prise Zucker |
| | sauer: | etwas Zitronensaft |
| | salzig: | Salz |

**Kohlrabi-Karotten-Gemüse:**

- Kohlrabi und Karotten in lange Stifte schneiden.
- In einer Pfanne mit Butter und Knoblauch etwa 10 - 15 min dünsten.
- Mit Kräutern, Zucker, Zitronensaft und Salz abschmecken.

**Parmesanchips:**

- Mit einem Teelöffel Parmesan in kleinen Häufchen auf ein mit Backpapier ausgelegtes Backblech setzen (oder je 1 TL Parmesan in antihaftbeschichtete Muffinformen geben).
- Im vorgeheizten Backofen etwa 5 - 7 min bei 200 °C hellbraun backen.

**Sauerrahmdip:**

200 g Sauerrahm, etwas Zitronensaft, Kräuter nach Wahl, Salz

- Alle Zutaten miteinander vermengen und zu Gemüse und Parmesanchips reichen.

<u>Variante:</u> Die Parmesanchips können auch mit Gewürzen verfeinert werden.
Sie können auch als Ersatz für Kartoffelchips oder als Pausensnack genossen werden.
Zerbrochene Parmesanchips können Sie auch als Suppeneinlage verwenden.

## Zucchini-Spaghetti

| Zutaten (2 Portionen): | umami: | frisch geriebener Parmesan |
|---|---|---|
| | bitter: | 2 mittelgroße Zucchini, Olivenöl, Zwiebel, Knoblauch, Kräuter, 8 Cocktailtomaten, |
| | süß: | Prise Zucker |
| | sauer: | etwas Limettensaft oder Zitronensaft |
| | salzig: | etwas Salz |

- Zucchini abschälen und mit einem Julienne-Schneider oder Spiralschneider in dünne Streifen schneiden.
- Olivenöl mit fein gehackten Zwiebeln, Knoblauch, Kräutern und Salz in der Pfanne erwärmen (Stufe 5/10).
- Zucchinispaghetti dazugeben und etwa 1 min im Olivenöl schwenken.
- Geviertelte Tomaten in die Pfanne geben und kurz köcheln lassen.
- Mit Zucker, Limettensaft und Salz abschmecken.
- Die Zucchinispaghetti aus der Pfanne nehmen und mit Parmesan anrichten.

<u>Variante:</u> Sie können die „Spaghetti“ auch kalt als Salat genießen.
Anstatt Tomaten und Olivenöl können Sie auch Pesto verwenden.
Wenn Sie die Zucchini in dünne Streifen schneiden, können Sie auch Zucchini-Tagliatelle herstellen.

# Jäger+Sammler-Käsespätzle

| Zutaten (2 Portionen): | umami: | 4 Eier, 50 g frisch geriebener Parmesan, Butter, 200 g geriebener Gratinkäse |
|---|---|---|
| | bitter: | Schnittlauch<br>2 Paprika (rot und gelb), Olivenöl |
| | süß: | Prise Zucker |
| | sauer: | 1 EL Essig |
| | salzig: | 1 TL Salz |

- Eier, Parmesan und Salz verquirlen.
- Eimasse in eine Pfanne mit Butter geben, kurz stocken lassen und dann unter ständigem Rühren kleine „Spätzle" braten.
- Gratinkäse in die Pfanne zu den Spätzle geben und schmelzen lassen. Dabei immer wieder umrühren.
- Käsespätzle aus der Pfanne nehmen und mit Schnittlauch garnieren.

- Paprika in Olivenöl anbraten, mit Zucker, Essig, Salz abschmecken.

Variante: Sie können gerne auch Speckwürfel und Zwiebelringe mit anbraten.

# Fisch-Paella

| Zutaten (2 Portionen): | umami: | Butter, 200 g Lachsfilet, 200 g Garnelen, |
|---|---|---|
| | bitter: | Knoblauch, Paprika, Zucchini, Rosmarin |
| | süß: | Prise Zucker |
| | sauer: | etwas Limettensaft |
| | salzig: | Salz |

- Knoblauch in Scheiben schneiden und mit Butter dünsten.
- Kleingeschnittenes Gemüse und Rosmarin dazugeben und kurz dünsten.
- Lachs in kleinen Stücken mit Garnelen in die Pfanne geben und fertig garen.
- Die Paella mit Zucker, Limettensaft und Salz abschmecken.

Variante: Die Paella schmeckt auch mit Hühnchen oder Rinderhackfleisch sehr gut.

# Fisch-Curry-Suppe

| Zutaten (2 Portionen): | umami: | Butter, 300 g grätenfreier Fisch (Lachs, Kabeljaurücken) 200 g Garnelen, 400 ml Sahne, 75 g Crème fraîche, |
|---|---|---|
| | bitter: | Knoblauch, Paprika, Lauch, |
| | süß: | Prise Zucker |
| | sauer: | etwas Zitronensaft |
| | salzig: | Salz |
| | | Curry |

- Knoblauch schneiden und mit Butter in einem tiefen Topf anbraten.
- Kleingeschnittenes Gemüse und Curry in den Topf geben und andüsten.
- Fisch in Stücke schneiden und mit Garnelen dazugeben.
- Sahne und Crème fraîche zugeben und 5 min köcheln lassen.
- Mit Curry, Zucker, Zitronensaft und Salz abschmecken.

Variante: Sie können auch feingeschnittenes Hühnchengeschnetzeltes verwenden.

# Lachs vom Grill mit Sellerierösti

| Zutaten (2 Portionen): | umami: | 400 g Lachsfilet,<br>1/8 l Milch, 2 Eier, 50 g frisch geriebener Parmesan,<br>30 g Butter |
|---|---|---|
| | bitter: | 1/2 Sellerieknolle, Pesto |
| | süß: | etwas Zucker |
| | sauer: | 1 Limette |
| | salzig: | etwas Salz |

- Lachsfilet bei maximaler Hitze auf der Oberseite (für Rostmuster) kurz anbraten. Wenn es sich abheben lässt, umdrehen und auf der Haut fertig grillen.

**Sellerierösti:**
- Sellerie schälen und in „Streichholz-Streifen" hobeln oder schneiden.
- In gesalzener Milch kurz garen und abkühlen lassen.
- Eier und Parmesan dazugeben, alles gut vermischen.
- Mit Butter in der Pfanne anbraten und rösten.

- Lachsfilet mit Limettenscheiben, Sellerierösti und Pesto auf Teller anrichten.

# Fisch-Gratin

| Zutaten (2 Portionen): | umami: | 400 g grätenfreie Fischfilets (Lachs, Kabeljaurücken), 200 ml Sahne, 150 g Crème fraîche, 200 g Gratinkäse |
| --- | --- | --- |
| | bitter: | Paprika, Zucchini, Karotten, Lauchzwiebeln |
| | süß: | Prise Zucker |
| | sauer: | etwas Zitronensaft |
| | salzig: | Salz |

- Fisch mit einer Prise Zucker, Zitronensaft und Salz würzen und in eine Auflaufform legen.
- Gemüse kleinschneiden, in einer Pfanne anbraten, abschmecken und auf dem Fisch verteilen.
- Sahne und Crème fraîche vermischen und über den Fisch gießen.
- Gratinkäse über Fisch und Gemüse streuen.
- Im vorgeheizten Backofen etwa 10 - 20 min bei 200 °C backen.

# Lauwarmer Fisch-Salat

| Zutaten (2 Portionen): | umami: | 300 g grätenfreier Fisch (Lachs, Kabeljaurücken), 200 g Garnelen, |
|---|---|---|
| | bitter: | Knoblauch, Olivenöl, Chicoree, Paprika, Karotten, Lauchzwiebeln, Pinienkerne |
| | süß: | Prise Zucker |
| | sauer: | Aceto Balsamico |
| | salzig: | Salz |

- Knoblauch kurz mit Olivenöl in der Pfanne dünsten.
- Fisch in Stücke schneiden, mit Garnelen in der Pfanne garen und anschließend aus der Pfanne nehmen.
- Chicoree vierteln, Gemüse in Streifen schneiden und mit Olivenöl anbraten.
- Mit Balsamico ablöschen, mit Zucker und Salz abschmecken.
- Pinienkerne in einer extra Pfanne ohne Öl kurz rösten.
- Das Gemüse mit dem Fisch auf Tellern anrichten und mit Pinienkernen garnieren.

## Garnelen und grüner Spargel vom Grill

| Zutaten (2 Portionen): | umami: | 400 g Riesengarnelen, Parmaschinken |
|---|---|---|
| | bitter: | 4 EL Rapsöl, Kräuter, 300 g grüner Spargel |
| | süß: | 1 TL Zucker |
| | sauer: | 1 EL Zitronensaft |
| | salzig: | 1 TL Salz |

- Aus Rapsöl, Kräutern, Zucker, Zitronensaft und Salz eine Marinade herstellen.
- Spargel und Garnelen 30 min marinieren.
- Spargel, Garnelen und Schinken auf dem Grill garen.
- Alles auf Tellern anrichten und mit Salat servieren.

# Fisch mit Sherry-Sahne-Soße und Tomaten

| Zutaten (2 Portionen): | umami: | 400 g Fischfilet, Butter, 200 ml Sahne |
|---|---|---|
| | | 1 Eigelb und 50 ml Sahne (für Legierung zum Binden) |
| | bitter: | 200 g Cocktailtomaten, Thymian |
| | süß: | Prise Zucker |
| | sauer: | 1 EL Sherry |
| | salzig: | Kräutersalz |

- Fisch mit Kräutersalz würzen.
- Butter in eine Pfanne mit Deckel geben und den Fisch bei niedriger Hitze (Stufe 4/10) 15 min garen.
- Mit Sahne aufgießen, Cocktailtomaten dazugeben und kurz dünsten.
- Thymian und Sherry dazugeben.
- Eigelb und 50 ml Sahne mit Schneebesen verrühren (Legierung zum Soßenbinden).
- Fisch aus der Pfanne nehmen.
- Die Soße kurz aufkochen lassen und dann vom Herd nehmen.
- Legierung in die Soße einrühren bis diese cremig wird, dabei mit Zucker und Kräutersalz abschmecken.
- Fisch und Tomaten mit der fertigen Soße servieren.

# Gefüllte Pfannkuchen

| Zutaten (2 Portionen): | umami: | 4 Eier, 1/8 l Milch, 2 EL Eiweißpulver, Butter, 200 g Frischkäse, 100 g geräucherter Lachs, geriebener Parmesan |
|---|---|---|
| | bitter: | 100 g Champignons, Lauchzwiebeln, (Schnittlauch) |
| | süß: | Prise Zucker |
| | sauer: | etwas Zitronensaft |
| | salzig: | etwas Salz |

- Eier mit Salz ca. 2 min aufschlagen.
- Milch dazugeben und Eiweißpulver (oder Mandeln) einrühren.
- Pfannkuchen mit Butter in der Pfanne ausbacken und beiseite stellen.

- Frischkäse und Lachs verrühren.
- Pilze kleinschneiden und mit Lauchzwiebeln kurz in der Pfanne anbraten.
- Pilze zur Frischkäse-Lachs-Creme geben und verrühren.
- Das Ganze mit Zucker, Zitronensaft und Salz abschmecken.
- Pfannkuchen mit der Käse-Creme füllen, einrollen oder als Säcklein mit Schnittlauch zusammenbinden und mit Parmesan bestreuen.
- Im vorgeheizten Backofen 10 min bei 180 °C backen.
- Die fertigen Pfannkuchen auf einem Teller anrichten und mit Salat servieren.

Variante: Die Pfannkuchen können Sie auch mit Hühnchen oder Rinderhackfleisch und mit verschiedenen Gemüsesorten füllen.

# Hühnchen Carbonara mit Schmortomaten

| Zutaten (2 Portionen): | umami: | Butter, 400 g Hühnerbrust, geriebener Parmesan<br>2 Eier, 200 ml Sahne, 80 g Schinken, |
|---|---|---|
| | bitter: | Zwiebeln, 200 g Cocktailtomaten, Thymian, |
| | süß: | Prise Zucker |
| | sauer: | etwas Zitronensaft |
| | salzig: | Salz |

- Hühnerbrust mit Butter in der Pfanne von beiden Seiten kurz anbraten (Stufe 7/10), dann herausnehmen.
- Kleingeschnittene Zwiebeln und Thymian mit Butter in der Pfanne dünsten, Hühnchen zurück in die Pfanne geben.
- Dann bei niedriger Hitze (Stufe 4/10) ca. 10 - 15 min fertig garen.
- Fertige Hühnerbrust aus der Pfanne nehmen und warmhalten.
- Zwischenzeitlich die Tomaten in eine Auflaufform legen, mit Parmesan bestreuen und im vorgeheizten Backofen 10 min (bis die Tomaten aufplatzen) bei 200 °C grillen.
- Eier und Sahne verquirlen.
- Gewürfelten Schinken leicht anbraten, die Eier-Sahne-Mischung dazugeben.
- Mit Zucker, Zitronensaft und Salz abschmecken.
- In der Pfanne unter ständigem Rühren köcheln, bis die Soße zu stocken beginnt.
- Hühnerbrust in Scheiben schneiden, nochmals kurz in die Pfanne zur Soße legen und erwärmen.
- Hühnerbrustscheiben aus der Pfanne nehmen, auf Tellern anrichten, mit Soße übergießen und gemeinsam mit den Schmortomaten servieren.

## Sesampanierte Hühnerbrust

| Zutaten (2 Portionen): | umami: | 400 g Hühnerbrust, 1 Ei, Butter, 1 EL Saure Sahne |
| --- | --- | --- |
| | bitter: | Sesam, Blattsalat, Champignons, Karotten, Cocktailtomaten, Kräuter, Olivenöl |
| | süß: | 1 EL Honig |
| | sauer: | 1 TL Senf, Essig |
| | salzig: | Salz |

- Hühnerbrust salzen, zu Schnitzelchen schneiden, in Ei wälzen und mit Sesam panieren.
- Mit Butter in der Pfanne auf mittlerer Hitze (Stufe 5/10) braten.

- Mit Blattsalat, Champignons, Karotten, Cocktailtomaten die Salatbeilage zubereiten.
- Salatdressing aus Saurer Sahne, Kräutern, Olivenöl, Honig, Senf, Essig und Salz mischen.
- Hühnerschnitzelchen mit Salat anrichten und servieren.

Variante: Ebenso können Sie Fisch (z.B. Thunfisch), Kalb- oder Schweineschnitzel panieren.

## Hühnchenbrust in Salbeibutter mit Paprika

| Zutaten (2 Portionen): | umami: | Butter, 400 g Hühnerbrust |
|---|---|---|
| | bitter: | Knoblauch, Salbei, 1 Paprika |
| | süß: | Prise Zucker |
| | sauer: | etwas Zitronensaft |
| | salzig: | Kräutersalz |

- Hühnerbrust mit Butter in der Pfanne von beiden Seiten kurz anbraten (Stufe 7/10), dann bei niedriger Hitze (Stufe 4/10) ca. 10 - 15 min garen.
- Knoblauch mit Butter in die Pfanne dazugeben und dünsten.
- Hühnerbrust herausnehmen und warmstellen.
- Salbei und bei Bedarf noch etwas Butter dazugeben, damit eine Salbeibutter-Soße entsteht.
- Diese Soße mit Zucker, Zitronensaft und Kräutersalz abschmecken.
- Paprika vierteln und auf beiden Seiten die letzten 5 min mitbraten.
- Hühnerbrust in Scheiben schneiden, Salbeibutter darüber gießen und mit Paprika servieren.

## Parmesantacos mit Hühnergeschnetzeltem

| Zutaten (2 Portionen): | umami: | 100 g frisch geriebener Parmesan,<br>300 g Hühnerbrust, Butter |
|---|---|---|
| | bitter: | Knoblauch, Zwiebel, 1 rote und 1 gelbe Paprika,<br>2 EL Tomatenmark, Rucola, |
| | süß: | Prise Zucker |
| | sauer: | etwas Zitronensaft |
| | salzig: | Salz |

- Auf Backpapier mit Hilfe eines Topfdeckels 15 - 18 cm große Kreise aufmalen.
- Backpapier umdrehen und jeweils 50 g frisch geriebenen Parmesan in der Größe der Kreise auf das Backpapier streuen.
- Der Parmesan kann mit Paprika, Chili oder Kräutern gewürzt werden.
- Den Parmesan im vorgeheizten Backofen etwa 5 min bei 200 °C schmelzen.
- Die Parmesanfladen abkühlen lassen bis sie noch biegsam sind, dann zu Tacos einschlagen und vollständig abkühlen lassen.

- Hühnerbrust in Stücke schneiden, anbraten und warmstellen.
- Knoblauch, Zwiebel kleinschneiden und mit Butter in der Pfanne andünsten.
- Paprika in Streifen schneiden und dazugeben.
- Tomatenmark in die Pfanne geben, etwas Wasser zugeben und kurz köcheln lassen.
- Das Ganze mit Zucker, Zitronensaft und Salz abschmecken, die Hühnerbrust hinzufügen.
- In die Parmesantacos füllen, Rucola dazugeben und mit Salat servieren.

Variante: Sie können die Tacos auch mit Hackfleisch, Fisch oder Meeresfrüchten füllen.

# Schafskäse im Speckmantel

| Zutaten (2 Portionen): | umami: | 200 g Feta (= Schafskäse), 4 Scheiben Parmaschinken, Butter, |
|---|---|---|
| | bitter: | Blattsalat, Paprika, Karotten, Tomaten, Kräuter, Olivenöl |
| | süß: | Prise Zucker |
| | sauer: | etwas Zitronensaft |
| | salzig: | Salz |

- Feta in 4 Streifen schneiden und in Parmaschinken einwickeln.
- Mit Butter in der Pfanne auf allen Seiten kurz bei mittlerer Hitze (Stufe 5/10) anbraten.
- Blattsalat, Gemüse und Kräuter kleinschneiden und als Salat anrichten.
- Dressing aus Olivenöl, Zucker, Zitronensaft und Salz zubereiten.
- Salat anrichten, Dressing darüber geben und mit dem gebratenen Feta garnieren.

Variante: Sie können den Salat auch mit Halloumi (= Grillkäse) zubereiten.

## Schweinefilet bei Niedrigtemperatur gegart

Durch das Niedrigtemperaturgaren benötigt dieses Gericht eine lange Garzeit, die reine Arbeitszeit liegt allerdings auch nur bei 20 min.

| Zutaten (2 Portionen): | umami: | 500 g Schweinefilet, Butter, 125 g Mozzarella |
|---|---|---|
| | bitter: | Zwiebel, Knoblauch, 1 Karotte, 1 Zucchini, 3 - 5 kleine Tomaten, Basilikum |
| | süß: | Prise Zucker |
| | sauer: | etwas Zitronensaft |
| | salzig: | Kräutersalz |

- Schweinefilet salzen und auf allen Seiten mit Butter im Bratentopf kurz anbraten (Stufe 7/10), anschließend herausnehmen.
- Zwiebel, Knoblauch und Karotte (in Stücken) im Bratentopf andünsten.
- 100 ml Wasser und das Filet in den Bratentopf geben, im Backofen 4 h bei 70 °C garen. Nach dieser Garzeit geht es erst weiter.

- Zucchini in Scheiben kurz in der Pfanne anbraten.
- Tomaten und Mozzarella in Scheiben schneiden und auf dem Backblech mit den Zucchinischeiben zu kleinen Türmchen aufbauen.
- Türmchen im Backofen 5 min bei 160 °C überbacken, bis der Mozzarella leicht geschmolzen ist.
- Alles aus dem Backofen nehmen und die Gemüsetürmchen mit Basilikum garnieren.

- Schweinefilet aus dem Bratentopf nehmen, in dünne Scheiben schneiden.
- Die Karottenstücke aus dem Bratentopf nehmen, mit einem Stabmixer fein pürieren und zum Binden der Soße unterrühren.
- Die Bratensoße mit Zucker, Zitronensaft und Kräutersalz abschmecken.
- Filetscheiben mit Bratensoße und Gemüsetürmchen anrichten und servieren.

## Schuta (= Pasta Schuta ohne Pasta)

| Zutaten (2 Portionen): | umami: | Butter, 300 g Rinderhackfleisch, etwas Sahne, Parmesan |
|---|---|---|
| | bitter: | Zwiebel, Knoblauch, Paprikapulver, 1 Paprika, 2 Karotten, Lauchzwiebeln, 2 EL Tomatenmark |
| | süß: | Prise Zucker |
| | sauer: | etwas Zitronensaft |
| | salzig: | Salz |

- Kleingeschnittene Zwiebel und Knoblauch mit Butter in der Pfanne andünsten.
- Hackfleisch dazugeben, mit Paprikapulver, Salz würzen und anbraten.
- Gemüse kleinschneiden und dem Hackfleisch hinzufügen.
- Tomatenmark in die Pfanne geben, etwas Wasser zugeben und kurz köcheln lassen.
- Das Ganze mit Sahne, Zucker, Zitronensaft und Salz abschmecken.
- In einen tiefen Teller füllen und Parmesan darüber reiben.

Variante: Sie können das Gericht auch mit Sahne und Curry zubereiten. Mit Butter und Kräutern schmeckt die Schuta ebenfalls sehr gut.

## Fleischpflanzerl mit Selleriepüree

| Zutaten (2 Portionen): | umami: | 400 g Rinderhackfleisch, 1 Ei, 1 EL Schmand, 50 g geriebener Käse, Butter |
|---|---|---|
| | bitter: | 1/2 Zwiebel, 1/2 Paprika, Paprikapulver |
| | süß: | Prise Zucker |
| | sauer: | etwas Zitronensaft |
| | salzig: | 1/2 TL Salz |

- Zwiebel und Paprika sehr klein schneiden.
- Hackfleisch mit Ei, Schmand, Käse, Zwiebel, Paprika (zum Saftbinden), Paprikapulver, Zucker, Zitronensaft und Salz verkneten.
- Aus dem Hackfleisch die Fleischpflanzerl formen und bei mittlerer Hitze (Stufe 6/10) mit Butter in der Pfanne von beiden Seiten braten.

**Selleriepüree:**

1/2 Sellerieknolle, 1/8 l Milch, etwas Salz, 30 g Butter

- Sellerie schälen, in Würfel schneiden und in leicht gesalzener Milch ganz weich garen.
- Salz, Butter zugeben und mit dem Stabmixer fein pürieren.

- Die Fleischpflanzerl mit Selleriepüree und Tomaten-Ketchup servieren.

Variante: Sie können das Püree auch mit Karotten, Pastinaken, Brokkoli, Blumenkohl, oder mit jedem beliebigen Gemüse machen.

# Hackfleischrolle mit Feta im Schinkenmantel

| Zutaten (2 Portionen): | | |
|---|---|---|
| | umami: | 400 g Rinderhackfleisch, 1 Ei, 1 EL Schmand, 200 g Feta, 100 g Parmaschinken, Butter |
| | bitter: | 1/2 Zwiebel, 1/2 rote und 1/2 gelbe Paprika, Paprikapulver oder andere Gewürze |
| | süß: | Prise Zucker |
| | sauer: | etwas Zitronensaft |
| | salzig: | 1/2 TL Salz |

- Zwiebel und Paprika sehr klein schneiden.
- Hackfleisch mit Ei, Schmand, Zwiebel, Paprika (zum Saftbinden), Zucker, Zitronensaft, Salz, Paprikapulver und Gewürzen vermischen.
- Feta der Länge nach halbieren.
- Hackfleisch in 2 Hälften aufteilen, jeweils eine Platte formen und Feta darin einschlagen. Hackfleischrolle festdrücken.
- Hackfleischrolle in Parmaschinken einwickeln.
- Bei mittlerer Hitze (Stufe 6/10) die Hackfleischrolle mit Butter im Bratentopf von allen Seiten anbraten.
- Etwas Wasser dazugeben. Den Bratentopf, am besten mit geschlossenem Deckel, für 50 min bei 160 °C in den vorgeheizten Backofen geben.

**Gemüsebeilage:**

Zutaten: 1/2 Zwiebel, 1/2 rote und 1/2 gelbe Paprika, 1 kleine Zucchini, schwarze Oliven, Olivenöl, 200 ml Sahne, Prise Zucker, etwas Zitronensaft, Prise Salz

- Zwiebel und Gemüse in Stücke schneiden und mit Olivenöl in der Pfanne anbraten.
- Sahne dazugeben und köcheln lassen.

- Hackfleischrolle aus dem Topf nehmen und in Scheiben schneiden.
- Bratensaft der Hackfleischrolle zum Gemüse geben, mit Zucker, Zitronensaft und Salz abschmecken.
- Hackfleischscheiben mit Gemüse und Sahnesoße servieren.

# Spinat-Gemüse-Lasagne

Zutaten (4 Portionen):

| | | |
|---|---|---|
| Zutaten (4 Portionen): | umami: | 2 Eier<br>Butter, 500 g Hackfleisch, etwas Sahne<br>Crème fraîche, 200 g geriebener Käse |
| | bitter: | 250 g Spinat (tiefgekühlt, portionierbar)<br>Zwiebel, Paprikapulver, Paprika, Champignons,<br>4 ELTomatenmark |
| | süß: | Prise Zucker |
| | sauer: | etwas Zitronensaft |
| | salzig: | Salz |

**Spinatplatte** (kann schon am Vortag zubereitet werden):
- Eier und aufgetauten Spinat verrühren, eine Prise Salz dazugeben.
- Die Masse auf einem mit Backpapier belegten Backblech verteilen und im vorgeheizten Backofen 20 min bei 180 °C backen.
- Die Masse anschließend auskühlen lassen und in der Mitte teilen, ergibt 2 Platten.

**Hackfleischsoße** (Vorsicht: nicht zu flüssig):
- Kleingeschnittene Zwiebel mit Butter in der Pfanne andünsten.
- Hackfleisch dazugeben, mit Paprikapulver, Salz würzen und anbraten.
- Paprika und Champignons kleinschneiden und dem Hackfleisch hinzufügen.
- Tomatenmark in die Pfanne geben, etwas Wasser zugeben und einkochen lassen, bis die Konsistenz stimmt.
- Das Ganze mit Sahne, Zucker, Zitronensaft und Salz abschmecken.

**Spinat-Gemüse-Lasagne:**
- Schichtweise in die Auflaufform füllen: Hackfleischsoße, Spinatplatte, Hackfleischsoße, Crème fraîche, Käse, Spinatplatte, Hackfleischsoße, Crème fraîche, Käse.
- Im vorgeheizten Backofen 20 min bei 180 °C backen, bis der Käse geschmolzen ist.

## Rehbraten mit Pfifferlingen und Brokkoli

Durch das Niedrigtemperaturgaren benötigt dieses Gericht eine lange Garzeit, die reine Arbeitszeit liegt allerdings auch nur bei 20 min.

| Zutaten (2 Portionen): | umami: | 400 g Rehbraten, -rücken oder -filet, Butter, 200 g Crème fraîche |
|---|---|---|
| | bitter: | Zwiebel, Knoblauch, 1 Brokkoli, 250 g Pfifferlinge, |
| | süß: | Prise Zucker |
| | sauer: | etwas Weißwein |
| | salzig: | Kräutersalz |

- Rehfleisch salzen und mit etwas Butter im Bratentopf auf allen Seiten scharf und kurz anbraten.
- Zwiebel und Knoblauch dazugeben und mit Butter kurz andünsten.
- 100 ml Wasser in den Bratentopf geben und den Topf mit Deckel im Backofen 4 Std. bei 70 °C garen. Nach dieser Garzeit geht es erst weiter.

- Brokkoli in Salzwasser 10 min bissfest kochen.
- Nebenbei Fleisch aus dem Bratentopf nehmen, in dünne Scheiben schneiden.
- Pfifferlinge andünsten, Crème fraîche dazugeben und auf dem Herd kurz aufkochen lassen.
- Das Ganze mit Zucker, Weißwein und Kräutersalz abschmecken.
- Anschließend das Fleisch zurück in den Topf legen.
- Brokkoli abgießen und in Butter schwenken.
- Rehfleisch mit Pfifferlingsoße und Brokkoli anrichten und servieren.

# Kurzgebratener Rehrücken mit Bohnen im Schinkenmantel

| Zutaten (2 Portionen): | umami: | 400 g Rehrücken oder -filet, Butter, 200 ml Sahne, 10 Scheiben Schinken |
|---|---|---|
| | bitter: | 100 - 200 g Bohnen, Rosmarin |
| | süß: | Prise Zucker |
| | sauer: | etwas Zitronensaft, 1 TL Dijon-Senf (oder scharfer Senf) |
| | salzig: | Salz |
| | | 2 TL grüne Pfefferkörner |

- Rehrücken in 1,5 cm dicke Scheiben schneiden, salzen und in der Pfanne mit Butter von beiden Seiten jeweils 2 - 4 min scharf anbraten.
- Fleisch aus der Pfanne nehmen.
- Sahne in die Pfanne gießen, Senf, grüne Pfefferkörner dazugeben.
- Mit Zucker, Zitronensaft und Salz abschmecken und kurz aufkochen lassen.
- Bohnen in Wasser garen. Jeweils 3 Bohnen in eine Schinkenscheibe einwickeln.
- Umwickelte Bohnen kurz in der Pfanne mit Rosmarin und Butter anbraten.
- Rehfleisch mit Senfsoße und Bohnen anrichten.

# Ricotta-Eis

Zutaten (10 Portionen): 500 g Ricotta (italienischer Frischkäse)
Pistazien, Walnüsse, Paranüsse, …
Johannisbeeren, Heidelbeeren, Erdbeeren, …
4 Eier
40 g Zucker
Saft von 1 Zitrone
geriebene Schale von 1 Zitrone

- Ricotta cremig schlagen, Nüsse und Beeren unterheben.
- Eier und Zucker schaumig rühren und vorsichtig mit Ricotta, Zitronensaft, Zitronenschale vermischen.
- Backpapier durchnässen und anschließend auswringen.
  Eine Kastenform (20 - 25 cm) lässt sich dann mit dem geschmeidigen Backpapier einfach auslegen.
- Masse in die Kastenform füllen und einfrieren.
- Zum Servieren das Ricotta-Eis in Scheiben schneiden, vorher allerdings ca. 5 min antauen lassen.

# Mousse au Chocolat

Zutaten (4 Portionen): 2 Eier getrennt
Prise Salz
etwas Zucker
100 g Zartbitterschokolade (70% Kakao)
200 ml Sahne

- Eiweiß mit einer Prise Salz zu steifem Eischnee schlagen.
- Eigelb mit Zucker cremig rühren.
- Schokolade in einem Topf schmelzen, etwas abkühlen lassen.
- Die Schokolade zum aufgeschlagenen Eigelb geben.
- Sahne ebenfalls steif schlagen und der Schokomasse vorsichtig unterrühren.
- Den Eischnee vorsichtig unterheben.
- Das Ganze für einige Stunden in den Kühlschrank stellen.
- Zum Servieren kleine Nocken ausstechen und evtl. mit etwas Obst garnieren.

## Topfennockerl

Zutaten (4 Portionen): 500 g Topfen oder Quark (40% Fett i. Tr.)
200 g Joghurt
Saft von 1/2 Zitrone
30 g Zucker
1 Packung Pulvergelatine
Obst nach Wahl

- Topfen (Quark), Joghurt, Zitronensaft und Zucker verrühren.
- Gelatine auflösen und unter die Quarkmasse rühren.
- Das Ganze für einige Stunden in den Kühlschrank stellen.
- Zum Servieren kleine Nocken ausstechen und evtl. mit etwas Obst garnieren.

# Mascarpone-Mousse

Zutaten (4 Portionen): 2 Eier
20 g Zucker
250 g Mascarpone
Saft von 1/2 Zitrone
Johannisbeeren, Heidelbeeren, …

- Eier mit Zucker schaumig rühren.
- Mascarpone und Zitronensaft unterheben.
- Beeren und Mascarpone-Mousse schichtweise in Gläser füllen.
- Das Ganze für 1 Stunde in den Kühlschrank stellen.

Variante: Sie können die Mascarpone-Mousse mit unterschiedlichen Früchten, aber auch mit Nüssen zubereiten.

# Bayerische Creme

Zutaten (4 Portionen): 1 Vanilleschote
200 ml Milch
1 Ei
20 g Puderzucker
1/2 Packung Pulvergelatine
200 ml Sahne
Erdbeeren (oder Johannisbeeren, Heidelbeeren, ...)

- Vanilleschote auskratzen, Milch, Ei und Puderzucker dazugeben und über einem Wasserbad schaumig schlagen.
- Gelatine auflösen und unter die Masse rühren.
- Wenn die Creme zu stocken beginnt, 200 ml steif geschlagene Sahne unterheben.
- Das Ganze in 4 kalt ausgespülte Schälchen füllen und dann für einige Stunden in den Kühlschrank stellen.
- Die Schälchen stürzen und mit Beeren anrichten.

## Topfensoufflé

Zutaten (4 Portionen): 4 Eier, getrennt
geriebene Schale von 1 Zitrone
30 g Zucker
250 g Topfen oder Quark (40% Fett i. Tr.)
Prise Salz
Butter zum Einfetten
Zwetschgen und Zimt

- Eigelb, Zitronenschale und Zucker cremig rühren. Topfen (= Quark) unterheben.
- Eiweiß und Salz zu steifem Eischnee schlagen und vorsichtig unter die Topfenmasse rühren.
- Die Souffléförmchen mit Butter einfetten und mit der fertigen Masse füllen.
- Backofen mit Wasserbad (Auflaufform, gefüllt mit Wasser) auf 200 °C vorheizen.
- Souffléförmchen in das Wasserbad einsetzen.
- Im vorgeheizten Backofen 20 min bei 200 °C backen.
- Zwetschgen vierteln, mit etwas Wasser und Zimt in einem Topf kurz erwärmen.
- Topfensoufflé mit Zwetschgen servieren.

## 3.2.5 Jäger+Sammler-Kaffee und Kuchen

### 3.2.5.1 Kuchenbeispiele mit verschiedenen Grundteigen

# Apfel-Nuss-Kuchen

**Nuss-Teig:**

Zutaten: 4 Eier, getrennt
Prise Salz
60 g Zucker
200 g gemahlene Haselnüsse
1 TL Backpulver

- Eiweiß mit einer Prise Salz zu steifem Eischnee schlagen.
- Eigelb mit Zucker cremig rühren.
- Eigelbmasse zum Eischnee geben und vorsichtig mit dem Schneebesen verrühren.
- Haselnüsse und Backpulver unterheben.
- Teig in eine mit Backpapier ausgelegte Springform füllen.
- Im vorgeheizten Backofen 20 min bei 180 °C backen.

**Apfel-Creme:**

Zutaten: 400 g Apfelmus, ungezuckert
(oder 200 ml Apfelsaft mit 2 kleingeschnittenen Äpfeln im Topf kurz einkochen)
1 Päckchen Pulvergelatine
etwas Zimt

- Gelatine auflösen, unter das Apfelmus rühren und mit Zimt verfeinern.
- Apfel-Creme auf dem fertigen Nussboden gleichmäßig verteilen.
- Im Kühlschrank für 1 - 2 Stunden kalt stellen.

**Sahne-Creme:**

Zutaten: 400 ml Sahne
400 g Schmand
30 g Zucker
1 Päckchen Pulvergelatine

- Sahne steif schlagen, mit Schmand und Zucker verrühren.
- Gelatine auflösen und unter die Sahnemasse rühren.
- Sahne-Creme auf der Apfelcreme gleichmäßig verteilen.
- Im Kühlschrank einige Stunden kalt stellen.
- Apfel-Nuss-Torte mit Zimt und Zucker bestreuen.

# Joghurt-Mohn-Schnitten

**Mohn-Teig:**

Zutaten: 6 Eier, getrennt
Prise Salz
200 g weiche Butter
80 g Zucker
200 g gemahlene Haselnüsse
100 g gemahlener Mohn
1/2 TL Backpulver

- Eiweiß mit einer Prise Salz zu steifem Eischnee schlagen.
- Eigelb mit Butter und Zucker cremig rühren.
- Eigelbmasse zum Eischnee geben und mit dem Schneebesen verrühren.
- Haselnüsse, Mohn und Backpulver unterheben.
- Teig auf einem mit Backpapier ausgelegten Backblech verteilen. Am besten einen eckigen Backrahmen verwenden.
- Im vorgeheizten Backofen 20 min bei 180 °C backen.

**Joghurt-Creme:**

Zutaten: 500 ml Sahne
500 g Joghurt, natur
50 g Zucker
Saft von 1 Zitrone
1 Päckchen Pulvergelatine

- Sahne steif schlagen.
- Joghurt, Zucker und Zitronensaft verrühren.
- Gelatine auflösen und unter die Joghurtmasse rühren.
- Steif geschlagene Sahne unterheben.
- Joghurt-Creme auf dem fertigen Mohnboden gleichmäßig verteilen.
- Im Kühlschrank für 1 - 2 Stunden kalt stellen.

**Himbeer-Creme:**

Zutaten: 200 g Himbeeren
100 ml Apfelsaft
10 g Zucker
1 Päckchen Pulvergelatine

- Himbeeren pürieren, mit Apfelsaft, Zucker verrühren.
- Gelatine auflösen und unter die Himbeermasse rühren.
- Himbeer-Creme gleichmäßig auf der festen Joghurt-Creme verteilen.
- Im Kühlschrank einige Stunden kalt stellen.

## Schoko-Nuss-Muffins

**Schoko-Teig:**

Zutaten: 100 g Schokolade (70% Kakao)
100 g weiche Butter
4 Eier
50 g Zucker
200 g gemahlene Haselnüsse (oder Mandeln)
1 TL Backpulver

- Schokolade schmelzen.
- Butter schaumig schlagen, nacheinander Eier und Zucker zugeben und so lange verrühren, bis sich der Zucker aufgelöst hat.
- Haselnüsse (oder Mandeln) und Backpulver unter den Teig mischen.
- Die flüssige Schokolade unter die Teigmasse rühren.

**Frischkäse-Füllung:**

Zutaten: 100 g Frischkäse
1 TL Zucker

- Alle Zutaten vermengen.

- 12 Muffinformen bis zur Hälfte mit dem Schoko-Teig füllen, 1 TL Frischkäse-Füllung in die Mitte geben und den restlichen Schoko-Teig darauf verteilen.
- Im vorgeheizten Backofen 20 min bei 160 °C backen.

# Tiramisu

**Biskuit-Teig:**

Zutaten: 4 Eier, getrennt
Prise Salz
50 g Zucker
100 g gemahlene, blanchierte Mandeln
1/2 TL Backpulver

- Eiweiß mit einer Prise Salz zu steifem Eischnee schlagen.
- Eigelb mit Zucker cremig rühren.
- Eigelbmasse zum Eischnee geben und vorsichtig mit dem Schneebesen verrühren.
- Mandeln und Backpulver unterheben.
- Teig auf einem mit Backpapier ausgelegten Backblech verteilen. Am besten einen kleinen eckigen Backrahmen (ca. 35 cm x 13 cm) verwenden.
- Im vorgeheizten Backofen 20 min bei 180 °C backen.

- 1 Espresso mit 2 cl Amaretto mischen und mit einem Pinsel auf den Biskuitboden auftragen.

**Mascarpone-Creme:**

Zutaten: 500 g Mascarpone
50 g Zucker
1/8 l Milch
2 cl Zitronensaft
2 cl Amaretto

Kakao zum Übersieben

- Alle Zutaten (außer Kakao) verquirlen, bis eine gleichmäßige Masse entsteht.
- Die Masse auf dem Biskuitboden verteilen und Kakao darüber sieben.
- Im Kühlschrank für 1 - 2 Stunden kalt stellen.

# Mascarpone-Aprikosen-Torte

**Biskuit-Teig:**

Zutaten: 4 Eier, getrennt
Prise Salz
50 g Zucker
100 g gemahlene, blanchierte Mandeln
1/2 TL Backpulver

- Eiweiß mit einer Prise Salz zu steifem Eischnee schlagen.
- Eigelb mit Zucker cremig rühren.
- Eigelbmasse zum Eischnee geben und vorsichtig mit dem Schneebesen verrühren.
- Mandeln und Backpulver unterheben.
- Teig in eine mit Backpapier ausgelegte Springform füllen.
- Im vorgeheizten Backofen 20 min bei 180 °C backen.

**Mascarpone-Aprikosen-Creme:**

Zutaten: 500 g Mascarpone
50 g Zucker
300 g Joghurt, natur
Saft von 1 Zitrone
1 Päckchen Pulvergelatine
3 - 4 Aprikosen in kleinen Stücken
Pistazienkerne, gehackt

- Mascarpone, Zucker, Joghurt und Zitronensaft zu einer gleichmäßigen Masse verrühren.
- Gelatine auflösen und unter die Mascarponemasse rühren.
- Die kleingeschnittenen Aprikosen unterheben.
- Die Masse auf dem Biskuitboden verteilen.
- Im Kühlschrank einige Stunden kalt stellen.
- Mit gehackten Pistazienkernen verzieren.

# Käsekuchen

**Mürb-Teig:**

Zutaten: 2 Eigelb
1 Ei
3 EL Puderzucker
200 g gemahlene, blanchierte Mandeln
1/2 TL Backpulver
20 g weiche Butter

- Eigelb, Ei und Puderzucker schaumig rühren.
- Mit Mandeln, Backpulver und weicher Butter verkneten.
- Teig in einer mit Backpapier ausgelegten Springform verteilen.
- Im vorgeheizten Backofen 10 min bei 160 °C vorbacken.

**Frischkäse-Creme:**

Zutaten: 2 Eiweiß (Rest vom Mürbteig), Prise Salz
4 Eier, 70 g Zucker
400 g Frischkäse
200 g Schmand
geriebene Schale von 1 Orange (oder Zitrone)
Saft von Orange bzw. Zitrone
2 Orangen, filetiert
Pistazienkerne, gehackt

- Eiweiß mit einer Prise Salz zu steifem Eischnee schlagen.
- Eier mit Zucker cremig rühren.
- Frischkäse, Schmand, Orangenschale und etwas Saft unter die Eigelbmasse rühren.
- Eischnee vorsichtig dazugeben und mit dem Schneebesen unterheben.
- Die Frischkäsemasse auf dem vorgebackenen Mürbteig verteilen.
- Im vorgeheizten Backofen ca. 40 - 45 min bei 160 °C backen, bis die Creme steif ist.
- Mit filetierten Orangen und gehackten Pistazienkernen garnieren.

# Zebrakuchen

**Zebra-Mandel-Teig:**

Zutaten: 6 Eier, getrennt
Prise Salz
60 g Zucker
200 g gemahlene, blanchierte Mandeln
1/2 Päckchen Backpulver
1 EL Rum
2 EL Kakao
Puderzucker

- Eiweiß mit einer Prise Salz zu steifem Eischnee schlagen.
- Eigelb mit Zucker cremig rühren.
- Eigelbmasse zum Eischnee geben und vorsichtig mit dem Schneebesen verrühren.
- Mandeln und Backpulver unterheben.
- Teig in 2 Hälften teilen. Eine Hälfte mit Rum und Kakao verrühren.
- Springform mit Backpapier auslegen.
- Teige abwechselnd esslöffelweise in die Mitte der Springform geben.
- Im vorgeheizten Backofen 30 min bei 160 °C backen.
- Kuchen abkühlen lassen und mit Puderzucker bestreuen.

## Mandelhörnchen

GL 10 g = 2 Stück

Zutaten (14 Stück): 3 Eiweiß
Prise Salz
60 g Zucker
300 g gemahlene, blanchierte Mandeln
einige Tropfen Bittermandelöl
Mandelblättchen zum Wälzen
Schokoglasur

- Eiweiß, Salz und Zucker zu einem steifen Eischnee schlagen.
- Mandeln und Bittermandelöl dazugeben und zu einem Teig verrühren.
- Teig aus der Schüssel nehmen und auf der Backunterlage mit feuchten Händen zu einer Rolle formen.
- Rolle in ca. 14 gleich große Stücke zerteilen.
- Teigstücke zu kleinen Rollen formen, in Mandelblättchen wälzen und zu Hörnchen biegen.
- Mandelhörnchen auf einem mit Backpapier ausgelegten Backblech verteilen.
- Im vorgeheizten Backofen 25 - 30 min bei 160 °C backen.
- Die abgekühlten Mandelhörnchen an den Ecken mit Schokoglasur bestreichen.

## Florentiner

GL 10 g = 1 Stück

Zutaten (5 - 6 Stück): 100 g Mandelsplitter
100 g ganze, blanchierte Mandeln
70 g Butter
2 EL Honig
Schokoglasur

- Mandelsplitter und Mandeln in einer Pfanne kurz anbräunen.
- Butter und Honig dazugeben und einkochen lassen.
- Backblech mit Backpapier auslegen.
- Die Mandelmasse auf dem Backblech in 6 kleine Dessertringe füllen bzw. in 6 kleinen Häufchen auf dem Blech verteilen.
- Im vorgeheizten Backofen 10 min bei 160 °C backen.
- Die abgekühlten Florentiner auf der Unterseite mit Schokoglasur bestreichen.

## Lebkuchen

GL 10 g = 4 Stück

Zutaten (50 kleine Lebkuchen):

6 Eier
100 g Zucker
200 g gemahlene Mandeln
200 g gemahlene Haselnüsse
100 g gehackte Mandeln
1 Päckchen Lebkuchengewürz
abgeriebene Schale von 1 Orange und 1 Zitrone
1 TL Backpulver
Prise Salz
einige Tropfen Bittermandelöl (nach Belieben)

Schokoglasur
ganze, blanchierte Mandeln

- Eier mit Zucker schaumig schlagen.
- Alle anderen Zutaten (außer Schokoglasur und ganze Mandeln) unterrühren.
- Im Kühlschrank für 1 - 2 Stunden kalt stellen.
- Mit feuchten Fingern kleine Häufchen zu Kugeln formen.
- Teigkugeln auf einem mit Backpapier ausgelegten Backblech verteilen und etwas andrücken.
- Im vorgeheizten Backofen 15 min bei 180 °C (O/U) backen.
- Die abgekühlten Lebkuchen mit Schokoglasur bestreichen und einer Mandel verzieren.

# Zimtsterne

GL 10 g = 10 Stück

Zutaten (70 Zimtsterne): 3 Eiweiß
2 EL + 2 EL Puderzucker
200 g gemahlene Mandeln
100 g gemahlene Haselnüsse
1 TL Zimt
einige Tropfen Bittermandelöl (nach Belieben)

- Eiweiß steif schlagen, unter ständigem Rühren 2 EL Puderzucker dazugeben.
- 2 EL der Eischneemasse in eine separate Schüssel geben und beiseite stellen.
- Mandeln, Haselnüsse, Zimt und Bittermandelöl unter den Eischnee rühren.
- Im Kühlschrank für 1 - 2 Stunden kalt stellen.
- Den Teig mit Hilfe von etwas gemahlenen Nüssen oder Mandeln etwa 5 mm dick ausrollen.
- Sternausstecher immer wieder in Wasser eintauchen und Sterne ausstechen.
- Plätzchen auf einem mit Backpapier ausgelegten Backblech verteilen.
- Den zur Seite gestellten Eischnee mit weiteren 2 EL Puderzucker verquirlen und damit die Sterne bepinseln.
- Im vorgeheizten Backofen 30 min bei 110 °C backen.

## Bärentatzen

GL 10 g = 10 Stück

Zutaten (90 Bärentatzen) : 220 g weiche Butter
80 g Puderzucker
Prise Salz
geriebene Schale von 1 Orange
1 Ei
1 Eigelb
300 g gemahlene, blanchierte Mandeln
Marmelade
Schokoglasur

- Butter, Puderzucker, Salz und Orangenschale schaumig rühren.
- Ei und Eigelb verquirlen und langsam unterheben.
- Gemahlene Mandeln dazugeben.
- Backblech mit Backpapier auslegen.
- Teig in einen Spritzbeutel (mit feiner Sterntülle) füllen und kleine Tatzen auf das Backblech spritzen.
- Im vorgeheizten Backofen 12 - 15 min bei 160 °C backen.
- Die abgekühlten Tatzen mit Marmelade zusammenkleben und ruhen lassen.
- Zusammengeklebte Tatzen in Schokoglasur tunken.

## Cappuccino-Plätzchen

GL 10 g = 7 Stück

Zutaten (50 Plätzchen): 3 Eiweiß
50 g Puderzucker
80 g gemahlene Mandeln
150 g gemahlene Haselnüsse
Prise Zimt
1 EL Cappuccino-Pulver
Nuss-Nougat-Creme
Schokoglasur

- Eiweiß zu sehr steifem Eischnee schlagen, unter ständigem Rühren 50 g Puderzucker dazugeben.
- Mandeln, Haselnüsse, Zimt und Cappuccino-Pulver unter den Eischnee rühren.
- Backblech mit Backpapier auslegen.
- Teig in einen Spritzbeutel (mit geschlossener Sterntülle) füllen und kleine Häufchen auf das Backblech spritzen.
- Im vorgeheizten Backofen 12 - 15 min bei 150 °C backen.
- Die abgekühlten Plätzchen mit Nuss-Nougat-Creme zusammenkleben.
- Zum Verzieren Pinsel in Schokoglasur tunken und die Plätzchen mit etwas Schokolade besprenkeln.

## Pfauenauge

GL 10 g = 7 Stück

**Mürbteig:**

Zutaten (50 Plätzchen) : 2 Eigelb
1 Ei
2 EL Puderzucker
+ Puderzucker zum Ausrollen des Teiges,
200 g gemahlene, blanchierte Mandeln,
1/2 TL Backpulver,
geriebene Schale von 1 Zitrone,
20 g weiche Butter

- Eigelb, Ei und Puderzucker schaumig rühren.
- Mit Mandeln, Backpulver, Zitronenschale und weicher Butter verkneten.
- Teig sollte kaum noch kleben, ansonsten noch etwas Mandeln dazugeben.
- Im Kühlschrank für 1 - 2 Stunden kalt stellen.
- Den Teig mit Hilfe von etwas Puderzucker ausrollen.
- Kleine Plätzchen ausstechen.
- Plätzchen auf einem mit Backpapier ausgelegten Backblech verteilen.

**Nuss-Haube:**

Zutaten: 2 Eiweiß
50 g Puderzucker
100 g gemahlene Mandeln

- Alle Zutaten verrühren.
- Teig in einen Spritzbeutel (mit geschlossener Sterntülle) füllen und kleine Häufchen auf die Plätzchen spritzen.

- Zum Garnieren ein Pünktchen Johannisbeergelee in die Mitte der Nuss-Haube geben. (Tipp: Geht am besten mit einer Einwegspritze.)
- Im vorgeheizten Backofen 10 min bei 160 °C backen.

Variante: Diesen Teig können Sie auch für alle anderen Mürbteigplätzchen verwenden.

# Linzer Plätzchen

GL 10 g = 7 Stück

**Mürbteig:**

Zutaten(30 Plätzchen) :
2 Eigelb
1 Ei
2 EL Puderzucker + Puderzucker zum Ausrollen des Teigs
200 g gemahlene, blanchierte Mandeln
1/2 TL Backpulver
geriebene Schale von 1 Zitrone
20 g weiche Butter

Marmelade zum Füllen

- Eigelb, Ei und Puderzucker schaumig rühren.
- Mit Mandeln, Backpulver, Zitronenschale und weicher Butter verkneten.
- Teig sollte kaum noch kleben, ansonsten noch etwas Mandeln dazugeben.
- Im Kühlschrank für 1 - 2 Stunden kalt stellen.
- Den Teig mit Hilfe von etwas Puderzucker ausrollen.
- Kleine Plätzchen mit und ohne Loch ausstechen.
- Plätzchen auf einem mit Backpapier ausgelegten Backblech verteilen.
- Im vorgeheizten Backofen 10 min bei 160 °C backen.
- Die abgekühlten Plätzchen mit Marmelade zusammenkleben und das Loch mit Hilfe einer Einwegspritze oder eines kleinen Löffels ausfüllen.

## Ofenkäse mit Dipgemüse

**Ofenkäse:**
Zutaten (2 Portionen): 2 x 200 g Camembert

- Camembert in Auflaufförmchen geben.
- Im vorgeheizten Backofen 10 min bei 200 °C vorbacken.
- Dann Camembert auf der Oberseite kreuzweise aufschneiden und aufklappen.
- Anschließend nochmals 10 min bei 200 °C fertigbacken.

**zum Dippen:**
- Verschiedene Gemüse in Streifen schneiden und Schinken würfeln.
- Alles mit Oliven, Weintrauben und Cocktailtomaten servieren.

Variante: Sie können auch einen speziellen Ofenkäse kaufen.

# Fischpastete mit Pfefferrahmdip

Zutaten (10 Scheiben): 500 g rohes Lachsfilet in Stücken (ohne Haut),
2 Forellenfilets, geräuchert
1 TL Salz
1/4 TL Pfeffer, frisch gemahlen
200 g Frischkäse (Natur)
2 Eier
100 ml Sahne
1 Schuss Zitronensaft
100 g Shrimps,
2 Bund Dill (40 g)

- Lachsfilet mit der Küchenmaschine (oder Mixer) glatt verrühren.
- Forellenfilets in Stücken dazugeben und gut vermengen. Salz, Pfeffer, Frischkäse, Eier, Sahne und Zitronensaft dazugeben und alles durchmischen.
- Es sollte eine feine Masse entstehen.
- Backpapier durchnässen und anschließend auswringen.
  Eine Kastenform (20 - 25 cm) lässt sich dann mit dem geschmeidigen Backpapier einfach auslegen.
- Die Hälfte der Fischmasse in die Kastenform füllen und mit Shrimps belegen.
- Die andere Hälfte der Fischmasse mit Dill vermengen und auf die Shrimps in die Kastenform geben.
- Die Lachspastete im vorgeheizten Backofen 60 min bei 180 °C auf mittlerer Schiene backen und dabei mit Alufolie abdecken.
- Pastete auskühlen lassen.
- Anschließend aus der Kastenform nehmen und mit Dill und Shrimps garnieren.

**Pfefferrahmdip:**

Zutaten: 100 g Quark, 100 g Crème fraîche, Lauchzwiebeln, 1 EL grüne Pfefferkörner, Prise Salz, etwas Pfeffer, etwas Zitronensaft

Alles in eine Schüssel geben und verrühren. Zum Dippen servieren.

# Spinatrolle mit Lachs

Zutaten (10 Scheiben):
2 Eier
250 g Spinat (tiefgekühlt, portionierbar)
Salz
200 g geriebener Käse
200 g Frischkäse
Kräuter
Prise Zucker
etwas Zitronensaft
1 Packung Räucherlachs

- Eier und aufgetauten Spinat verrühren, eine Prise Salz dazugeben.
- Die Masse auf einem mit Backpapier belegten Backblech verteilen und den geriebenen Käse gleichmäßig darauf streuen.
- Im vorgeheizten Backofen 20 min bei 180 °C backen.
- Die Masse anschließend auskühlen lassen.

- Frischkäse mit Kräutern verrühren und mit Zucker, Zitronensaft und Salz abschmecken.
- Frischkäsemasse auf der Spinatplatte gleichmäßig verstreichen.
- Anschließend den Räucherlachs auf dem Frischkäse verteilen.
- Das Ganze wie eine Biskuitrolle eng einrollen und in Alufolie einige Stunden ziehen lassen.
- Die Lachsrolle in Scheiben schneiden und zu Salat oder Gemüse servieren.

# Tomaten-Mascarpone-Torte

Zutaten (6 Stück) : 2 Eier
1 TL Salz
100 g Quark
100 g gemahlene, blanchierte Mandeln
1/2 TL Backpulver
2 EL Eiweißpulver

50 g Parmaschinken
300 g Cocktailtomaten
500 g Mascarpone
3 Eier
1/2 TL Salz

- Eier mit 1 TL Salz schaumig schlagen.
- Quark, Mandeln, Backpulver und Eiweißpulver dazugeben und zu einem festen Teig verrühren.
- Teig mit feuchten Händen in einer mit Backpapier ausgelegten Springform verteilen.
- Im vorgeheizten Backofen 10 min bei 160 °C vorbacken.

- Parmaschinken kleinschneiden und auf dem Teigboden verteilen.
- Cocktailtomaten halbieren und mit der Schnittfläche nach oben auf den Teig legen.
- Mascarpone, Eier und 1/2 TL Salz verrühren und diese Creme auf die Torte geben.
- Im vorgeheizten Backofen 30 min bei 200 °C fertig backen.

# Jäger+Sammler-Fladenbrot

Zutaten (6 Stück) : 2 Eier
1 TL Salz
100 g Quark
100 g gemahlene, blanchierte Mandeln
1/2 TL Backpulver
2 EL Eiweißpulver

200 g Schmand
Kräuter, feingeschnitten
1/2 TL Salz
Schinkenwürfel, Schafskäse, Gratinkäse, ...
Brokkoli, Tomaten, Paprika, ...

- Eier mit 1 TL Salz schaumig schlagen.
- Quark, Mandeln, Backpulver und Eiweißpulver dazugeben und zu einem festen Teig verrühren.
- Den Teig mit feuchten Händen zu 6 Kugeln formen, auf ein mit Backpapier belegtes Backblech legen und zu Fladen auseinander drücken.
- Im vorgeheizten Backofen 10 min bei 160 °C vorbacken.

- Schmand, Kräuter, 1/2 TL Salz verrühren und auf die Fladenbrote streichen.
- Fladenbrote mit Schinkenwürfeln, Schafskäse, Gratinkäse, Brokkoli, Tomaten, Paprika nach Belieben belegen.
- Im vorgeheizten Backofen 10 min bei 200 °C fertig backen.

Variante: Sie können diese Fladenbrote auch als Jäger+Sammler-Pause verwenden.
Der Boden eignet sich auch als Pizzaboden.

# Blumenkohlsuppe mit gebratenem Schinken

Zutaten (4 Portionen): 1 Blumenkohl, 1 l Milch,
1 Eigelb und 50 ml Sahne (für Legierung zum Binden)
Prise Zucker
etwas Zitronensaft
1 TL Salz
100 g Schinken, Butter
Kerbel (oder Petersilie)

- Den kleingeschnittenen Blumenkohl in gesalzener Milch 15 min kochen.
- Die Suppe mit einem Stabmixer pürieren.

- Eigelb und 50 ml Sahne mit Schneebesen verrühren (Legierung zum Suppenbinden).
- Die Suppe nochmals kurz aufkochen lassen und dann vom Herd nehmen.
- Legierung in die Suppe einrühren bis diese cremig wird, dabei mit Zucker, Zitronensaft und Salz abschmecken.

- Schinken kleinschneiden und mit Butter in der Pfanne anbraten.

- Die Blumenkohlsuppe mit gebratenem Schinken und geschnittenem Kerbel (oder Petersilie) servieren.

# Sticks and Dips

**Sticks:**

Zutaten: Karotte
Paprika
Staudensellerie
Käse

- Alle Zutaten in Streifen (= Sticks) schneiden.

**Dips:**

Lachscreme: Zutaten: 100 g Räucherlachs
200 g Schmand
1 TL Dill
etwas Zitronensaft
Salz, Pfeffer

- Den Räucherlachs mit dem Pürierstab zerkleinern.
- Schmand, Dill, Zitronensaft, Salz und Pfeffer dazugeben und verrühren. Mit Dill garnieren.

Obatzda: Zutaten: 200 g Camembert
200 g Frischkäse
etwas Sahne
etwas Zitronensaft
Salz, Pfeffer,
Paprikagewürz,
Schnittlauch

- Camembert und Frischkäse mit dem Pürierstab zerkleinern.
- Sahne, Zitronensaft, Salz, Pfeffer und Paprikagewürz dazugeben und verrühren. Mit Schnittlauch garnieren.

Kräuterquark: Zutaten: 250 g Quark (40% i. Tr.)
200 g Sauerrahm
Kräuter
etwas Zitronensaft
Salz, Pfeffer

- Alle Zutaten miteinander verrühren. Mit Kräutern garnieren.

# Brokkoli-Salat

Zutaten (2 Portionen): 1 Brokkoli
6 Cocktailtomaten
6 Radieschen
100 g Emmentaler
1 Lauch
2 Eier
Kräuter

- Brokkoliröschen im Salzwasser etwa 8 min bissfest kochen.
- Cocktailtomaten vierteln, Radieschen in kleine Stücke, Emmentaler in Streifen und Lauch in Ringe schneiden.
- Eier hart kochen und dann in große Stücke teilen.
- Brokkoli auf Teller anrichten. Eier, Tomaten, Radieschen, Lauch vermengen und über den Brokkoli geben. Käse darauf verteilen.

**Senfdressing:**
Zutaten: je 1 EL Honig, Zitronensaft, Weißweinessig, Saure Sahne, Olivenöl, Senf und etwas Salz
- Alle Zutaten vermischen, Dressing über den Brokkoli-Salat gießen und mit Kräutern garnieren.

## Jäger+Sammler-Platte („Brotlose Kunst")

Für die Jäger+Sammler-Platte können Sie variantenreich alle erdenklichen Jäger+Sammler-Nahrungsmittel kombinieren.

- **Gurken mit Schinkenherzchen:** Aus Gurkenscheiben und Schinkenscheibe eine Herzform mit Plätzchenausstecher ausstechen und ineinander bauen.
- **Käsespieße mit Weintrauben:** Käse würfeln und mit einer Weintraube auf einen Zahnstocher aufspießen.
- **Gurkenbaguette:** Minigurke der Länge nach aufschneiden, mit Käse und Schinken belegen.
- **Mozzarella-Tomaten-Spießchen:** Minimozzarella und Cocktailtomaten abwechselnd mit Basilikum auf einen Zahnstocher aufspießen.
- **Karotten im Schinkenmantel**
- **Käsesticks und Oliven**
- **Paprika in Streifen mit hartgekochtem Ei**
- **Salami-Käse-Röllchen aufgespießt:** Salami in Scheibenkäse einrollen, in Scheiben schneiden und auf Zahnstocher aufspießen.
- **Mozzarella mit Pesto und Paprikamütze:** Mozzarella in Scheiben schneiden, Pesto auftragen und die Spitze einer Paprika daraufsetzen.
- **Gefüllte Tomaten:** Tomaten aushöhlen und mit gewürztem Frischkäse füllen.
- **Käsecracker:** 20 g gemahlener Leinsamen, 50 g gemahlene blanchierte Mandeln, 40 g geriebener Käse, 1/2 TL Salz, 1 Ei, 2 EL Olivenöl, Kräuter oder Gewürze. Alles zu einem Teig verarbeiten. Cracker formen und 15 min bei 150 °C backen.

## 3.3 Wochenpläne

| | Frühstück | Pause | Mittag | Nachspeise | Kaffee u. Kuchen | Abendessen |
|---|---|---|---|---|---|---|
| Mo | Jäger+Sammler-Müsli | Ideen für die Pausenbox | Omelett mit Tomaten und Parmesan | | | Jäger+Sammler-Platte |
| Di | Spiegelei mit Speck | Ideen für die Pausenbox | Pizza Inversa | | | Ofenkäse mit Dipgemüse |
| Mi | Jäger+Sammler-Brot | Rührei to go | Sesampanierte Hühnerbrust | | | Jäger+Sammler-Platte |
| Do | Rührei mit Tomaten und Thymian | Ideen für die Pausenbox | Schafskäse im Speckmantel | | | Spinatrolle mit Lachs |
| Fr | Mandel-Nuss-Brei mit Früchten | Ideen für die Pausenbox | Fisch-Paella | | Mandelhörnchen | Gefüllte Pfannkuchen |
| Sa | Jäger +Sammler-Pfannkuchen | | Hackfleischrolle mit Feta im Schinkenmantel | Mascarpone-Mousse | Mascarpone-Aprikosen-Torte | Jäger+Sammler-Fladenbrot |
| So | Jäger+Sammler-Kaiserschmarrn mit Äpfeln | | Lachs vom Grill mit Sellerieröst i | Topfennockerl | Mascarpone-Aprikosen-Torte | Brokkoli-Salat |

|  | Frühstück | Pause | Mittag | Nachspeise | Kaffee u. Kuchen | Abendessen |
|---|---|---|---|---|---|---|
| Mo | Jäger+Sammler-Müsli | Ideen für die Pausenbox | Gefüllte Zucchini |  |  | Jäger+Sammler-Platte |
| Di | Spiegelei mit Speck | Käserolle mit Schinken | Fisch-Curry-Suppe |  |  | Sticks and Dips |
| Mi | Jäger+Sammler-Brot | Käserolle mit Schinken | Fleischpflanzerl mit Selleriepüree |  |  | Jäger+Sammler-Fladenbrot |
| Do | Rührei mit Tomaten und Thymian | Ideen für die Pausenbox | Hühnchen Carbonara mit Schmortomaten |  | Florentiner | Jäger+Sammler-Platte |
| Fr | Mandel-Nuss-Brei mit Früchten | Ideen für die Pausenbox | Jäger+Sammler-Käsespätzle |  | Florentiner | Tomaten-Mascarpone-Torte |
| Sa | Jäger+Sammler-Kaiserschmarrn mit Äpfeln |  | Spinat-Gemüse-Lasagne | Ricotta-Eis | Joghurt-Mohn-Schnitten | Fischpastete mit Pfefferrahmdip |
| So | Jäger +Sammler-Pfannkuchen |  | Schweinefilet bei Niedrigtemperatur gegart | Mousse au Chocolat | Joghurt-Mohn-Schnitten | Jäger+Sammler-Platte |

| | Frühstück | Pause | Mittag | Nachspeise | Kaffee u. Kuchen | Abendessen |
|---|---|---|---|---|---|---|
| Mo | Jäger+Sammler-Müsli | Ideen für die Pausenbox | Quarkauflauf | | | Sticks and Dips |
| Di | Spiegelei mit Speck | Ideen für die Pausenbox | Fisch-Gratin | | | Jäger+Sammler-Platte |
| Mi | Jäger+Sammler-Brot | Rührei to go | Kohlrabi-Karotten-Gemüse mit Parmesanchips | | | Brokkoli-Salat |
| Do | Rührei mit Tomaten und Thymian | Ideen für die Pausenbox | Hühnchenbrust in Salbeibutter mit Paprika | | | Jäger+Sammler-Fladenbrot |
| Fr | Mandel-Nuss-Brei mit Früchten | Ideen für die Pausenbox | Zucchini-Spaghetti | | Schoko-Nuss-Muffins | Jäger+Sammler-Platte |
| Sa | Jäger+Sammler-Kaiserschmarrn mit Äpfeln | | Fisch mit Sherry-Sahne-Soße und Tomaten | Mascarpone-Mousse | Apfel-Nuss-Kuchen | Pizza Inversa |
| So | Jäger +Sammler-Pfannkuchen | | Kurzgebratener Rehrücken mit Bohnen im Schinkenmantel | Ricotta-Eis | Apfel-Nuss-Kuchen | Blumenkohlsuppe mit gebratenem Schinken |

| | Frühstück | Pause | Mittag | Nachspeise | Kaffee u. Kuchen | Abendessen |
|---|---|---|---|---|---|---|
| Mo | Jäger+Sammler-Müsli | Ideen für die Pausenbox | Rahmschwammerl mit Jäger+Sammler-Polenta | | | Spinatrolle mit Lachs |
| Di | Spiegelei mit Speck | Käserolle mit Schinken | Schuta | | | Jäger+Sammler-Platte |
| Mi | Jäger+Sammler-Brot | Käserolle mit Schinken | Gefüllte Paprika | | | Tomaten-Mascarpone-Torte |
| Do | Rührei mit Tomaten und Thymian | Ideen für die Pausenbox | Lauwarmer Fisch-Salat | | | Jäger+Sammler-Platte |
| Fr | Mandel-Nuss-Brei mit Früchten | Ideen für die Pausenbox | Hüttenkäse-Auflauf | | Zebrakuchen | Ofenkäse mit Dipgemüse |
| Sa | Jäger+Sammler-Kaiserschmarrn mit Äpfeln | | Parmesantacos mit Hühner-geschnetzeltem | Topfensoufflé | Zebrakuchen | Jäger+Sammler-Platte |
| So | Jäger +Sammler-Pfannkuchen | | Rehbraten mit Pfifferlingen und Brokkoli | Bayerische Creme | Tiramisu | Jäger+Sammler-Fladenbrot |

# IMPRESSUM

© 2019 CAVEMAN Verlag UG (haftungsbeschränkt), Ortenburg

Alle Rechte vorbehalten. Nachdruck, auch auszugsweise, sowie Verbreitung durch Bild, Funk, Fernsehen und Internet, durch fotomechanische Wiedergabe, Tonträger und Datenverarbeitungssysteme jeder Art nur mit schriftlicher Genehmigung des Verlags.

Redaktion: Klaus Wührer
Info und Kontakt: www.ArtgerechteErnährung.de
Fotos: Klaus Wührer
Illustrationen: Klaus Wührer
Lektorat: Claudia Schwertfirm
Und wer einen Fehler findet, der darf ihn behalten.
Layout: perfect-artwork / Ernst Mötz
Druck: Passavia / Passau

ISBN 978-3-9816200-2-3
1. Auflage 2019

Wichtiger Hinweis:

Die Gedanken und Empfehlungen in diesem Buch stellen die Meinung und Erfahrung des Verfassers dar. Sie wurden vom Autor nach bestem Wissen erstellt und mit größtmöglicher Sorgfalt geprüft. Sie bieten jedoch keinen Ersatz für einen persönlichen, individuellen und kompetenten medizinischen Rat.
Jede Leserin, jeder Leser ist für das eigene Tun und Lassen auch weiterhin selbst verantwortlich.
Weder Autor noch Verlag können für eventuelle Nachteile oder Schäden, die aus den im Buch gegebenen praktischen Hinweisen resultieren, eine Haftung übernehmen.